一本の木

―それぞれの福祉現場で細やかながら花を咲かせ、
実を実らせてきた一本の木の記録―

佐道保彦
SADO Yasuhiko

文芸社

目次『一本の木』

まえがき……4
第一部　一本の木……7
第一　東京都 小山児童学園……8
第二　社会福祉法人 東京蒼生会 足立区特別養護老人ホーム「さの」……29
第三　社会福祉法人 東京蒼生会 大森老人ホーム……37
第四　社会福祉法人 東京蒼生会 第二万寿園……50
第五　ハスタ株式会社……62
第六　東京都社会福祉協議会 福祉サービス第三者評価室……73
第七　社会福祉法人 一誠会 偕楽園ホーム……78
第八　有限会社Hグループホーム R……176
第二部　偕楽園ホーム広報紙「黎明」……189
あとがき……252

まえがき

私は東京都に勤めるまで、福祉との縁も関心も縁も特になかった。それが東京都で管理職になって以降の職場は、都の六カ所、そして都を五十八歳で早期退職した後の主に民間の八カ所を通して、全て社会福祉施設及びその関連職場であった。

平成二十七年三月、人並みより長期に及んだ職業生活を七十九歳で卒業した。そしてその後はそれまでさほど関心のなかった地域に関わることとし、退職翌月から地元練馬区の「区政モニター」と「ひとり暮らし高齢者定期訪問員」をしていたが、併せて我が人生を回顧し総括する思いで自分史を書いた。そして平成三十年三月、ひとまず出来た自分史を自宅のプリンターで限られた部数を印刷し、以前お世話になった方や同窓生にお贈りしたところ、私は必ずしも人付き合いが良いといえなかったこともあり、また同窓生に福祉関係の仕事をしていた者がいなかったことから、「こんな仕事をしていたのか」と珍しがられ、ある意味感心されもした。

その後自宅のパソコンに保存されていた情報を整理しながら、勤務当時自宅で編集することの多かった施設の広報紙の原稿を拾い読みしていて、それを全て消去するのが如何にも勿体なく思えた。そこで前記自分史から選んだ八カ所の紹介を「一本の木」として第一部とし、偕楽園ホームの広報紙「黎明」から若干を選んで第二部にして編集したのが、本書『一本の木』である。

第一部・第一で紹介した都立施設で唯一高齢者関係ではない児童養護施設の小山児童学園は、その前の八街《やちまた》学園とともに私にとって福祉の原点になった施設として紹介させて頂く。その他は東京都社会福祉協議会（東社協）を含めて民間の七カ所だが、社会の急速な高齢化を受けていずれも高齢者関係である。東社協と同時期に勤めた和光市役所は、多くが施設運営と関係のない業務であったので省かせて頂いた。

冒頭で記したように私は元公務員だが、同じ社会福祉施設でも特に管理運営面で公立と大きく異なる民間でほぼ二十年勤めたことで、「公」と「民」の二つの人生を持てた思いがしている。そして第二ステージともいえるその「民」の後半で九年勤めた一誠会の「偕楽園ホーム」には、同法人・ホームの危機状況に際して、求めに応じて籍を置いたのだが、幸いと言うべきか、施設長交代を契機にした職員の突然変異ともいえる頑張りにより、同ホームは予想外の早さで立派に立ち直ったのである。そしてその間の記録である本書の第一部・第七は、期間が長かったこととともに波乱万丈ともいえるさまざまな業務が凝縮していたことで、第一部の半分を超えるページ数になった。

第二部では前記したようにその偕楽園ホームの広報紙「黎明」から若干を選んで掲載したが、一般に思われているより案外多様なサービスが行われている特別養護老人ホームの日常、そして専門職としての各職種職員の業務を若干でも知って頂ければ幸いである。

令和五年三月

佐道保彦

第一部　一本の木

第一　東京都 小山児童学園

一　小山児童学園、そして児童養護のこと

私が東京都で管理職として勤めた社会福祉施設は、児童養護施設二カ所、最重度・重度知的障害者入所施設、印刷専門の身体障害者入所授産施設（以上、福祉局所管）、養護老人ホーム二カ所（養育院所管）だが、そのなかから二番目に、昭和五十七年四月から六十年十二月まで勤めた東京郊外の東久留米市に所在する小山児童学園（以下「小山」という）でのことを紹介する。

小山には単身赴任していた八街《やちまた》学園（千葉県八街市）から異動したが、両学園とも当時の多くの児童養護施設と同じく、その歴史は戦災孤児の受け入れから始まった。戦後ラジオドラマで知られた「鐘のなる丘」もその一つであった。

三歳の幼児から高校生までの十数人を疑似家庭としての生活の単位とし、それぞれ別棟の寮で生活するいわゆるタテ割り小舎制である。年齢の近い児童による小舎制をヨコ割りというが、異年齢が一緒に暮らす一般家庭に近づけるべく、ヨコ割りからタテ割りに移行してきたのが、戦後児童養護施設の歴史であった。

小山の交代制勤務の保育士はこの道一筋のベテランが多かったが、児童を幼い頃から見てきた保育士が多いことは、保育士を含む児童が育つ環境を継承するうえでも貴重である。

併せて小山には、高い水準の問題意識で先駆的なことを実践する気風があったが、そのことでは保育士の一人が長年全国児童養護問題研究会の副会長であったことにもよるであろう。その先駆の一つは、私の在任中に中学卒業が三回あったが、三回の卒業生十二名の全員が高校（十一名）と職業訓練校（一名）に進んだことである。

養護施設では中卒後進学しないで就職する児童は、自立したとされて施設を出なければならない。しかし施設での中卒児童の進学率が五割程度であった当時、残り五割の中卒児童の就職先での定着が必ずしもよくないという問題があった。それには事業主が未成年の就労者を住み込みで面倒を見る時代ではなくなったこと、更に十五歳の児童を単身で刺激の強い世の中に出す社会状況でなくなってきたこともあった。住まいがないハンディは大きいのである。

それには社会で生活していく力を身に付けさせるうえで、モラトリアムの意味を含めて必ずしも学力に関係なくできるだけ学園から進学させよう、そのことが衣食住を含めてバックアップのない児童の自立生活能力を高めるうえで有効ではないか、そういった機運が小山の高い進学率に繋がっていたのである。

都立高校はよいとして、都立高校に入るには学力上困難な児童を私立高校に進学させるのは、当時の養護施設では一般的ではなかった。園内の養護会議でも「高い費用をかけて私立高校に行かせるのは、世間の目から見て如何か?」との意見もあった。しかし、個々の児童の養育のうえで社会の低いレベルに合わせるのはいわゆる劣等処遇に通じること、現場がそれに同調することはないとの意見が大勢であった。そして私も指導員と共に私立高校に行き、ボーダーライン上にいる児童の入学をお願いしたこともあった。

ただ残念ながら高校に進学した児童の全てが、当初の意図通りに進むとは限らない。中退したり、途中で非行に走るということもあった。後に記すが、S君のように最高に辛いケースもあった。

児童学園は、成育歴の負の問題を背負うところでもあり、それに伴い児童の非行に直面することもある。当時は家庭の貧富に関係ない、複雑な背景の非行が顕在化しつつあった頃でもあった。両親ともうらやましいような高学歴で社会的地位にありながら、ぐれて家出を繰り返す女子中学生も受け入れた。癖ともいえる盗みに「またか」と皆で落胆し、八街学園でも経験したことだが、非行児童を対象とする教護施設に措置変更せざるを得なかったケースも一度ならずあった。担当児童のことで十字架を背負ったような気持ちの職員と共に悩むこともあったが、ドラマ的ともいえる逆境を乗り越え、明るさを発散しながら幼児等年少児を可愛がり、集団の中で協力して頑張る多くの児童がいた。後述する『「運命愛」ということ』の女児もそうであった。

中学・高校時代は思春期でもあり、児童とその悩みを話し合うこともある。ある男子中学生が担当の女性保育士に軽い思慕もあったのであろう、「先生の体を見せてほしい」と言った。それに対してその保育士は「あなたの大切な恋人に出会うまで待つように」と優しく話したという。スポーツ好きのその子は明るく育って、都立高校生になった。

児童の成長への願いはどの職員も同じであり、だからこそ時に胸裂ける思いをしながらも児童の成長を信じ、思いを通わせることを喜びとして児童たちと共に歩むのである。そしてその保育士たちを束ねる立場にあり、保育士・児童たちから信頼を集めていた養護係長は大学で鍛えた柔道高段者であったが、定年退職後は児童養護の経験を活かして保護司をしている。八街学園で一緒だった養護係長と保育士の一人は民生委員をしているが、皆さんそれぞれ経験を活かし、生涯を通して地域福祉に貢献していることを頼もしく思う。

高齢児童のことでは、中卒後の就職先で定着できなかった十八歳を過ぎた少女を、規則外ながら学園で受け入れて職員宿舎の一室に住まわせたことがある。そして調理職員の協力で調理室で職業訓練のようなことをした。十八歳を過ぎると保護の対象外となるのだが、だからといって放置できないため制度外でこのようなこともした。そしてその後世田谷区にある「青少年と共に育つ会」の施設（今の「憩いの家」）にお願いし、そこから就職させて頂いたこともある。

この「青少年と共に育つ会」は、東大で生物学者であったH氏が、十八歳を超えた養護施設卒園生を含む制度の谷間の人たちのためにボランティアで運営していた。そのことが後に「自立援助ホーム」が制度化されるうえで大きな力になった。お世話になった少女と一緒にアパートを改造した質素な建物でお会いしたH氏の、物静かながら芯の強そうなお人柄は今も印象に残る。国を動かして制度化したご努力は並大抵ではなかったであろうが、その後病で早くに亡くなられたのは残念であった。

二　行事のこと

指導員は生活・学習指導とともに、別名「行事屋」と言われるほど行事に関する業務が多い。学園では児童の生活体験及び心身の練成としてさまざまな行事を行うが、特に学校の夏休みは行事のラッシュ期間であり、そのなかでも夏季練成と都立児童施設によるスポーツ大会はその目玉であった。

行事はどの施設もほぼ共通なので八街学園を含めて紹介するが、夏期練成では普通二泊三日の日程で、テント、飯ごう、鍋、食材等を皆で担いで山や海に行くのが通例であった。そのような練成は一般家庭の子供は経験しないが、養護施設では集団養護の一環として「心身の練成」に励み、「自然に親しみ」、「互いに協力し助け合う」ことを通して強い身体と精神力、情操、協調性を育てる趣旨で、やや昔ながらの厳しさで行っていた。職員は先輩からその伝統とノウハウを受け継ぐのであり、私も児童たちと共に鍛えられながら、各地の自然に親しんだ。

富士登山では一日目は元気に児童を励ましながら登ったが、二日目はまだ暗い早朝に山小屋を出て、登るほどに初めて体験する気圧低下は、一歩一歩が口もきけないほど厳しかった。それでもやっとたどりついた山頂で、児童たちと共に日の出の太陽に手を合わせたのは感激であった。富士五湖がまるで箱庭のように見えた。続いて山頂のお鉢廻りを、女子中学生に励まされながら一歩ごとにフーフー言いながらやり遂げた。子供たちは平気だったが、四十歳代だった私には低気圧の厳しさを初めて思い知った富士登山であった。ただ下山は滑るように一気に下りた。

ＪＲ中央線の塩山駅から雲取山山頂を経て小河内ダムまで歩いたことがあるが、テントを張った雲取山山頂で見た、まるで糸を引くように夜空を進む人工衛星は感動的であった。一直線に進む流れ星とは異なる印象であるのは、やはり「人工」衛星である。下山して都民の水の源である保水林の林道を歩き、せせらぎで飲んだ水はまさに名水であった。

例えば、情緒障害気味ですぐぐずる児童を伴っての練成は大変である。しかしある程度の大変さを承知で一人でも多くの児童を参加させ、どの児童にも達成感を味わせて後の自信に繋げたいというのも練成の目的である。ただそれは職員だけですることではないし、職員だけで出来ることでもない。そのために年齢幅のあるタテ割りグループ養護のメリットとして、高齢児と年少児を含む班編成で年長児が年少児の世話をし、児童がお互い協力して練成を成し遂げるようにする。年長児も以前はその上の年長児の世話を受け、同時により下の年少児を世話することで共に育つのである。高校生は時には指導員以上に逞しく、また優しく、指導力を発揮するのである。

スポーツ大会は都立の養護施設（七施設）と教護施設（二施設）による球技大会と水泳大会であり、この大会の計画・準備・進行・総括は全て全施設の指導員が協力して行う。球技大会の種目は野球、卓球、バレーボール（女子）で、各施設では大会に備えて夏休み前から指導員により毎日厳しい練習が行われる。そして神宮外苑で行われる大会には各施設とも園を挙げて応援に行くのであり、出場児童にとっては多くの応援を受けて練習の成果を発揮する場である。

水泳大会はプールのある四施設が持ち回りで主催するが、私が単身赴任していたときの八街学園でも行われた。八街はＪＲ総武線本線の佐倉駅の先にある遠隔地だったため、参加他施設の全児童・職員が体育館で宿泊・食事をする一泊二日の大行事となったが、大会会長を務めた私としても無事に行えた達成感は大きかった。何よりも全職種・職員一致協力による総がかりの奮闘によるものであった。

指導員をはじめ職員には夏休みはないというのが常識であり、児童たちにとっても一般の夏休みのイメージと異なり、日課と行事日程で埋まる平生以上に多忙な期間となる。

冬休みにも行事を入れるが、山梨県の富士急ハイランドにスケートで行ったときは、私はスケートの経験がなく園長がそれでは様にならないので、今はもうないが池袋のスケートリンクに勤務後密かに行って練習した。そして快晴の富士山を眺めながら、時には児童たちと競走もして楽しむことができた。

指導員たちはほぼ年中、野球、卓球、バレーボールを指導していたが、それに私も影響され、日曜には不器用ながら女子中学生、保育士たちとバレーボール、卓球等をして私自身鍛えられた。八街では、冬休みにはまだ薄暗い時間から早朝マラソンをするのが恒例であったが、ここでも私は女子中学生たちと一緒に走った。八街では職員の多くが園内宿舎にいたのでこのようなことも出来た。

正月休みには学園の幼児を家に連れて帰り、家庭の正月を経験させることもしていたが、我が家には毎年兄弟の児童を連れて帰っていた。

三　PTA、そして北海道家庭学校長・谷 昌恒氏のこと

小山の児童たちが通う東久留米中学校のPTA会長を私が引き受けたのは、思いもよらない経験であった。公務員としていつあるかもしれない異動でご迷惑をおかけすることや、地域ででしゃばる印象を持たれかねないことをすることは避けたい気持ちもあってお断りしていたが、役員さんが大挙して学園に来たり、学園に厚意的であった校長から「園長先生が会長になることは学園の児童たちにとっても誇りになることではないか」と言われたりで断りきれず、農地

解放前には数キロもある西武新宿線花小金井駅までご自分の土地だけを歩いて行けたという地元名士の前会長の後を引き継ぐことになった。次の異動まで二年八カ月務めた。

ついのめり込むのも私の性分で、ＰＴＡ東久留米市連合会から東京都連合会にも関わるようになり、出席する会議も増えて、園長職とどちらが本業かわからないほどにもなった。以前から懇意の管理係長から「学園のことは心配しないで全て任せて下さい、園の児童のためですから」と全面的にバックアップしてもらえたことで務まったようなものである。ＰＴＡも旧住民感覚から新住民のいわゆる市民的感覚が強まりつつある時期で、その両者の目に見えない相克の調整、Ｐ（父兄）とＴ（先生・学校）の双方への心配り等、なにかと神経を使うことは多かった。ＰＴＡ広報紙の充実を図ったが、先生方の文章を毎号掲載する等、校長・学校を立てることにも気を使った。

毎月の役員による運営委員会では、①開かれた、メリハリのある、②共に考える、③意見を率直に出せるＰＴＡを運営方針とした。学園がさまざまな児童問題に関わっていることで皆さんに尊重されたということもあったが、当時いじめや非行が問題になってきた時期でもあり、学園での指導のことから広く児童問題一般にまで話題になった。タテ割り小舎制で幼児から小中高校生までが同じ寮生活をしていることにも感心されていた。

児童たちは双方の文書を預かる等、学校・学園間の連絡役を喜んでしてくれた。入学式から卒業式まで、次々と開かれる学校行事でＰＴＡ会長としての挨拶を考えるのも大変だったが、その感想を児童から聞くのは参考になった。彼らは結構ストレートに思ったこと、感じたことを言うのだが、中学生ともなれば案外しっかりしていることにも感心した。

園長がPTA会長であることで学園児童が誇りを感じ、地域の方々の学園理解が深まったとすれば意義があったということではある。ただ学園内は児童にとってプライバシーの場であり、私生活の場をあまり知られたくないとの女子中学生の気持ちも大事にしなければならない――このことは女子寮担当保育士から聞いて肝に銘じたことであった。


当時教護施設の聖地ともされていた、明治以来感化院として伝統のある北海道家庭学校が、同校を舞台にした『父よ母よ！』の出版や映画で注目されていた。そして私も愛読していた多くの著書を著した同校校長の谷昌恒氏は、当時朝日福祉文化賞を受賞されたいわば時の人でもあった。その氏がたまたま上京される予定のあることを知り、一度お会いしていた縁で北海道遠軽《えんがる》にある北海道家庭学校に電話して、東久留米中学校PTA主催講演会の講師をお願いした。そして日程を調整までしてご承諾頂いたのは誠に有り難いことであった。

夜に講演会が開催された中学校の講堂は、市教育委員会や他校関係者も来て満員であった。谷氏は明治以来の北海道家庭学校の歴史と、今も連綿と受け継ぐ教育理念のこと、最近入校する少年たちの家庭の背景、オホーツク海に近い厳しい自然の中での森林・土木等の作業のこと、少年たちの小舎制の寮と廊下続きに、職員の子供を含む家族が暮らす部屋があり、いわば夫婦協働しての生活指導であること、そして職員と少年との往復書簡による指導を特に大切にされていること等を、少年たちが書いた作文を紹介しながら話された。

これらのことはいずれも同校の指導の際立った特色であるが、特に職員にとって少年たちのハートに響く書簡をきちんと届けられるかはその見識が問われることで、誠に厳しいことである。谷校長はこれらのことを何冊もの著書で紹介されているが、その夜の講演を聴きながら、少年と職員の全てを穏やかに包み込むような、同校での谷校長の存在の大きさをあらためて認識した思いであった。

講演後、晩遅くだったが我が小山学園にもお寄り下さり、児童たちとも話し合って頂いた。谷氏には在京を一日延ばしてまで講演をお引受け頂いたのだが、これ以上ないＰＴＡにふさわしい講演会ができたことは、私にとっても会長冥利に尽きる出来事であった。後日頂いた当学園と児童たちの感想を書いた毛筆のお手紙にも感銘を受けた。

先日テレビの教養番組で谷氏の対談があった。「流汗悟道《りゅうかんごどう》」（汗を流して道を悟る）のテーマであったが、あの講演会のことを思いながら懐かしく拝聴した。

家庭の崩壊や社会の矛盾に翻弄されてきた子供たちに温かいまなざしを注ぎつつ、だからこそ彼らに苦難に耐える強さを求め、そのためにも同校の校訓でもある、北海道の厳しい自然の中での「流汗悟道」を大切にする同校の伝統は、豊かな社会で自由を謳歌する今の風潮のなか一層貴重に思えた。

「人間は本来不公平なのだ、だからこそ主体的に生きる強さを育てなければならない」

との言葉にも重みを感じた。

「入校当初、屁理屈や言い訳の固まりのような彼らが、素直さを取り戻すとともにそのようなことを言わなくなる」

というのは私の実感でもある。

非行について識者がよく言う、「何が彼らをそうさせたか」といった社会的理解は必要としても、当の少年たち、そして直接の関係者が何時までも「社会のせい」と考えて当然というのでは、現場の仕事はできないのである。

四　二人の児童のこと

終わりに小山で出会った特に忘れられない二人の児童のことを紹介する。次に記載するのは、いずれも小山の次の職場となった「日の出福祉園」（最重度・重度知的障害者入所施設）に在職時、同園家族会の広報紙に依頼されて書いたものである。

○「運命愛」ということ

いつか新聞で見たある父親の投書に、嫁いだ娘が重い障害のある子を産みしばらくは半狂乱の日々であったが、今では以前には考えられないほど逞しい母親になり、我が子に愛情を注いでいる様子が書かれていた。

当園家族会の広報紙に掲載される保護者の方の文章にも似た様子が窺われることがあるが、予想もしない厳しい現実を受け入れる過程では、出産の期待と喜びの裏返しとして、時には絶望的な苦悩と葛藤を経ての今の境地……ということもあるであろう。

例えば、「いろいろと教えてくれ、目を広げさせてくれた我が子に感謝します」と語られるのを聞くとき、共に育つ素晴らしい親子に胸打たれるとともに、そこに至るまでの非常な葛藤の重みを真摯に受け止めなければならないと思う。

以前八街学園に勤めていたとき、遠路はるばるボランティアで来られた指笛の名手・田村大三氏が、「仕合せ」という次の詩で児童を励まされたことがあった。

両親がない　　それは幸せだ
両親ともにある　　それは幸せだ
貧乏です　　それは幸せだ
金持です　　それは幸せだ
然り　　活かせば一切が幸せです

マイクなしで体育館の隅々にまで響き通る指笛のダイナミックさに圧倒されたが、そのとき語られたこの詩が印象に残るのも、身近に親もない、家庭の愛もない子供たちに付き添いながら、どうかその境遇に負けない強さで育ってほしいと願う日々であったからであろう。

そうは言っても現実に過酷ともいえる境遇に置かれたとして、この詩のような悟りの境地に容易になりうるものではない。「総中産階級とかグルメとか言われながら、どうして自分だけがこんな辛い目に……」と親を恨み、自暴自棄になっても心情的には責められないということもある。そしてものわかりのよい（無責任な）評論家風に、それを「社会や政治の責任」と言うのは簡単である。

しかしその過酷な境遇に周囲の人が「お気の毒に」と手を差し伸べるのは当然としても、当の本人が「自分ほど不幸せな人間はいない」と思い、自分の運命を嘆いてばかりしていては、いつまでたっても救われないのである。また当の本人に「可哀そうに」という気持ちだけで接していては、長い目でみて当人をスポイルすることにもなる。

西多摩のある町でのことだが、産みっぱなしで親に出生届も出してもらえず、学校にも行かせてもらえなかった女の子が十歳を過ぎて周囲の知ることとなり、学籍のないまま一学年遅れて小学五年生に入った。更にその後間もなくして、両親は僅かのサラ金が原因でまだ自立できない我が子を置いたまま家出した。そして女の子は幼い弟と共に、私の前任施設の小山児童学園に入所した。無責任このうえない話だが、現実にそのような養育放棄が身近にあったのである。

九九も知らないのに分数を学ばなければならず、指導員、保育士と共に私も家庭教師役をしたが、幸い勝気でもある彼女は、毎日が悔し涙を流しての悪戦苦闘の挑戦であった。

たまたまテレビニュースでサラ金苦から無理心中した親子のことを見て、「私などまだましよね」とつぶやき、そばにいた保育士がその子を抱いて涙ぐむこともあった。

時にツッパったりグレそうになることもあったが、「親は親の事情があったんだろうし、いつまでも親を恨んでも仕方ないよね。今のこの施設の生活はとても幸せ。施設のことをもっと世間の人に知ってもらったら、親子心中も減るんじゃないの」と言うようになった。そして受験戦争を乗り越え、今は都立高校三年生で在園している。

自分の運命を嘆くのみでなく、構えて対峙するでもなく、あるがままを現実として受け入れて自分の中に包み込む境地を、少々堅い言葉だがニーチェは「運命愛」と言い、ヘーゲルは「愛による運命との和解」と言った。

もちろん個々の事情の重みや悩みの深さを真摯に考えることなく、軽々しく「運命愛」等と言うのは慎まなければならない。そして福祉とか福祉の心とかいうのは、当人のその重みを少しでも軽くして、誰もが等しく社会で生活できるよう援助し、思いやりをもって支え合うよう努めることに他ならない。

しかし千差万別のハンディキャップを周囲が補うのに限界があるのも現実であり、なによりも人生はそれぞれの主体的なものである。そしてそのような主体性も、先程の詩「仕合せ」のように、またこの少女のように、現実を受け入れることから育つのである。

○

続「運命愛」ということ

小山児童学園では毎年三月に行われる「卒園生を送る会」で、社会に巣立つ児童が作文を読むことになっている。今年その会に招かれて出席したが、そのときの卒園生に前回の〈「運命愛」ということ〉で紹介した少女がいた。都立高校を卒業して社会に巣立つのであったが、その少女がその会で何度も涙をぬぐいながら読んだ作文を、〈続「運命愛」ということ〉として紹介させて頂く。

――この学園に来てから八年、そして今日、高校の卒業証書を手にしてこの会の中央テーブルに座り、最後の作文をここに立って読むことができることを本当に嬉しく思います。

八年前の私を知っておられる先生方は少なくなりましたが、その頃の私は精神的にあまりにも貧しい子供でした。信頼していた親との別れ方がその頃の私にはどうしても理解できず、人を信頼することを半分忘れかけた、心の屈折した子供でした。

初めの桜寮では、一番身近な担当の先生が嫌いだと言って困らせました。その時泣いていた先生の気持ちがどうしてもわかりませんでしたが、何故か無性に嬉しかったことを鮮明に記憶しています。その後菊寮に移り、なんといっても勉強面での自分の能力の低さを痛いほど知りました。目標が近づくどころか反対に遠くなるばかり。そのくせ意地っ張りの私は、歯がゆさといら立ちを抑えることができませんでした。私がどんなに愚痴を言っても怒っても、どこまでも遡って一生懸命教えてくれたY先生は、何度か私のために胃を悪くしたと聞きました。私がここでマイクの前に立っていられるのは、本当に先生方のお陰だと思います。

6年生の春、同じ部屋の幼児さんを「うるさい！」とどなった時、「あなたが出て行きなさい」と言ったO先生の真剣で厳しい目は自分の身勝手さを気づかせ、周囲への思いやりと集団生活の鉄則を教えてくれました。

短いようでやはり長かった八年、辛いことも悲しいことも、そして嬉しいことも沢山ありました。なかでも自分の戸籍がなかったと知った時、目の前が真っ暗になるほどショックでした。自分の存在が認められてなかったようで、非常な心の痛手でしたが、今の私には問題ではありません。楽しかったことが思い出になり、辛かったことがバネになりました。卒園生が毎年皆さんに残していく言葉があるとすれば、私はこの学園にいることをバネにしてほしいと思います。

私の母は自分のことを何も話してくれませんでしたが、私は胸を張って、こんな素敵な学園で育ったと誰にでも話してあげたいと思います。

最後になりましたが、これまでお世話になった先生方、本当に有り難うございました。

○

S君のこと

十一月のある日、所沢市郊外の大聖寺でS君、通称ぶんちゃんの一周忌の法要が行われた。読経の後住職から「回向《えこう》とは出会いを求めること、お祈りをしているようなとき、ぶんちゃんの『このままこの寺にいたい』との声が聞こえてくることがあるが、自分としてはこれからも遺骨をこの寺で預からせてほしい」との話があり、「遺骨は自分たちの家族と一緒に」と言われる若い元の雇い主の寿司屋の主人を含めて、S君を思う心情で一体となる雰囲気であった。

あれからはや一年、つれづれに思いは尽きないが、以下にその一端を記したい。

前年十一月のある日、前の勤務先だった小山児童学園の園長から電話があった。「非常に残念なことで」との前置きで、その年の三月に高校を中退して学園を出、所沢の寿司屋に勤めていたSが、アパートの自室でガス自殺をしたとの知らせであった。ガムテープで目張りをし、「自分は生きる資格がないのです。お世話になりました……」といった遺書を残しての死で、店の人が出勤途上いつもの時間に寄ったところ、すでに硬直状態であったという。

翌日葬儀で赴いた大聖寺には、八カ月雇っただけで喪主を勤める店の主人により立派な祭壇がしつらえられ、店や学園関係者による生花に囲まれるようにして、「ぶんちゃん」と慕われていたS君のほほえみかけるような遺影が飾られていた。前日の通夜には中学、高校の友人、先生方約七十人みえたとのことだが、その日も学校はどうしたのか、多くの生徒の姿があった。

最高に辛い葬儀であった。学園関係者は退職者を含めてほとんど出席していたが、皆さん「力およばず申し訳ありません……」といった言葉にならない言葉のみ。読経の間も同窓生たちの肩を組み合っての慟哭の声に、一人ひとりの断腸の思いが沁み透るようであった。これほど多くの友人達に慕われていたのに、あの穏やかな表情の陰で死を思っていたとは……。

私は所用のため途中で火葬場を後にしたが、車で送ってもらった駅前の景色が、抜けるような青空のもと妙に白々しかった。

S君は長身でスポーツは抜群、そして怒った顔は見せたことのない穏やかな人柄で、誰からも慕われていた。特に小学生の頃は成績優秀な模範的な「よい子」であったが、いつ頃からか無力感が見られるようになり、意志の弱さから小さな盗みをする時期もあった。

能力のある子で「どうしてもっとしっかりしないのか」との思いが職員たちにもあり、話し合いながらS君も職員も共に涙ということもあった。たまたまそのようなとき、S君と同じ寮の保育士の結婚式で、野暮であったが私が挨拶でS君のことに触れた際、はらはらと涙を流し続ける新婦とそれを優しくいたわる新郎に私も胸打たれ、しばらく言葉に詰まったものである。

身寄りはなく一人で社会に出なければならないS君のこと、本人は必ずしも乗り気ではなかったが三年間の成長を期待して高校に入り、野球部のエースとしても活躍した。

その後私は異動したが、卒園式で学園を訪れた際、「とうとう高校が続かなくなりました」と聞き、なんと残念に思ったことか。しかし誰からも好感をもたれるS君のこと、店でも可愛がられてなんとかやっていくだろうと期待するしかなかった。それにしても「心を見る目を持ち、心を聞く耳を持て」という、そのことのなんと難しいことか。

S君はいつ頃からか所在不明の父親を気にするようになり、死の一週間ほど前、店を無断で休んで父親がいるかもしれないところを捜し歩いたという。そして主人から強く励まされ、「頑張ります」と応えたという。また前日には土産を持って学園を訪れ、仕事に慣れてきた様子や将来店を持つ希望を、具体的な店の場所まで明るい表情で語ったという。その内心はどうであったのか……。

警察に父の捜索願を出すも不明とのこと。父親への思いがそれほどまで強かったとしても、果たしてそれだけで死に繋がるのか。それによる寂しさと、「どうせ俺は」といった自己否定的な思いに押しつぶされてしまったのか。あれだけ多くの厚意に囲まれていながら、最後までS君の寂しさを受け止め得なかった結果の厳しさに、体の中を風が吹く思いであった。

この三月、小山でこの道一筋のS君の元担当保育士が定年を前に退職し、故郷に帰った。彼女は園長に呼ばれてS君の死を知らされたとき、その場に泣き崩れたという。次の文は退職直後に頂いた彼女の手紙の一節である。

「――後悔することのみの至らなかった私にいつも温かい心をお寄せ下さり、心に沁みて有り難く思います。いろいろご指導賜り励まして下さいましたのに、その心に報いますことなく、取り返しのつかない悲しみを残して去ることをお許し下さい。回顧するも話しえない悲しみです。本当に申し訳ございません――」

この仕事は一生懸命の熱意が必ずしも思ったとおりになるとは限らないこと、また何十年もの仕事で多くの児童を育て、社会に送り出してきたことのかけがえのなさを書いて送ったが、あまりにも重い十字架を背負い続けていこうとする彼女には全てが空虚でしかなかったであろう。

S君に関わってきた人たちの胸中を思うと胸が痛む。そして心の深淵を理解することの至難さを思い、だからこそ私たちは感性を磨き、共感を持ち合うことの大切さを思う。そのことを忘れた福祉論や処遇論は、それが如何に高邁であったとしても空虚でしかない。

第二　社会福祉法人 東京蒼生会 足立区特別養護老人ホーム 「さの」

一 「さの」の概要と赴任の経緯

社会福祉法人（以下（福）とする）東京蒼生会は、まだ救貧福祉の時代の昭和二十七年、母子寮開設に伴い創設された都内でも有数の歴史ある社会福祉法人である。また足立区特別養護老人ホームさの（以下「さの」という）は足立区が平成三年に開設し、東京蒼生会が足立区から委託を受けて運営する区立民営の特養である。所在が足立区佐野町であることから「さの」と命名したが、通称は「ゆうあいらんど　さの」であった。

その頃介護はまださほど深刻ではなかったが、名の知れた評論家が介護苦から妻を死に至らしめたことを大きく報じられ、介護への関心が急速に高まった時期であった。そして介護の深刻化を見越して足立区が他区市に先駆けて特養の「さの」を新設したのである。大規模特養である東村山ナーシングホーム（養育院）を参考にして設計したとのことだが、部屋の配置をはじめとしてミニ東村山ナーシングホームのおもむきがあったことは否定できない。

特養（特養百床と短期入所四床）及びデイサービスセンター（四十人）の併設であるが、特養部門を医療重視で運営する趣旨で「療護部」としたのも、新しい介護を目指す区の意気込みであった。その初代療護部長に足立区では有名な等潤《とうじゅん》病院の看護部長が就任していたが、その部長が等潤病院に戻り空席になっていたことで、当時東京都養育院にいた私が名指しされたのである。

その経緯は都庁の先輩にあたるH法人常務理事の誘いによる。都の定年六十歳の二年前であったが、H常務から民間特養の経験はこの先必ず役に立つと勧められ、「長い目で」を決め手にその誘いをお受けした。そのことは以後ほぼ二十年にわたり、私の職歴の第二ステージとなる民間で、特養を主に八カ所の介護関連業務に携わることになる私にとってまさに正解であった。

二 「さの」の運営と業務全般

都庁講堂で都知事から退職辞令を受けた翌日の平成六年八月一日、まず東村山市の東京蒼生会本部に出向いてF理事長より辞令を受け、次いで「さの」に初出勤した。

K施設長は、前足立区副区長の経歴と優れた見識で区内外から一目置かれる存在。デイサービスセンター所長は足立区で要職を歴任した温厚な方。管理部長は東京蒼生会生え抜き。それに私が加わっての管理体制である。各職域主任層は三年前「さの」発足時に選ばれて採用された人材であり、介護職員は足立区に隣接する千葉県松戸市の短大介護科卒業生が多い。皆さん元気はつらつで粒揃いの印象、当時は就職難で厳しく選べた頃である。

K施設長は副区長として「さの」の開設にも関わり、前記の「療護部」命名の趣旨などを熱く話された。年に似合わず青臭さもあり、当時はやりのドラッガーの経営学等、「学」的な面から語るやや論理思考派であった。そのため一部敬遠する向きもあったが、私とは馬が合ったというか、楽しく話し相手をさせて頂いた。せっかく足立区に来たのだから足立区のことを知るようにと、歴代区長のこと、都との折衝のこと、都市計画で苦労したこと等、折にふれて区政全般を教えて頂いた。

職場は各職域、職層、パートさんたちを含めて風通しが良く、皆さん遠慮なく相談し合える雰囲気があった。福祉施設は人と組織が最大の財産。それも例えば「一＋一＋一」が三以上であることが肝要。それが職員のモラルと能力の向上、そして質の高い利用者サービスに繋がるのである。

二十数年前になるその頃を振り返っても、「さの」で不愉快であったとか、苦労したという覚えは全くない。それは療護部長がしばらく空席であったこともあり、皆さんが私を温かく迎え入れてくれる雰囲気であったこと、全体の要《かなめ》である生活指導主任をはじめ各主任がきめ細かい心配りをしていたこと、そして誰もが問題を抱え込まないで気安く相談し合える雰囲気であったことによる。職員管理のことで自分の至らなさを包み隠すことなく相談にみえるフロア主任もいた。悩みながらも成果を互いに喜び合うこと、福祉施設職員は根っこで人間好きであることが大切である。民間最初の職場であった「さの」で、H常務とK施設長、それにF理事長を含めて緊密な関係で業務を進めることができたのも幸いであった。

三　医療・機能訓練・短期入所

「さの」の療護を外から支える医療機関としては、「さの」開設準備期から協力頂いた等潤病院と、亀有駅近くの歴史あるセツルメント（隣保館）が二本柱であった。等潤病院の看護部長であった前療護部長は、医療及び看護の観点から職員を厳しく指導されたと聞いた。

亀有のセツルメントの前身は関東大震災以後長年地域救貧医療に貢献した東大セツルメントであるが、まだ若くて熱意ある院長に、日本社会福祉史に紹介されているセツルメントの歴史を感じたものである。その院長の尊父は日本医師会の役員であった。

機能訓練は利用者の自立した生活を援助する介護の一環であるとされ、そのことがさほど認識されていなかった当時にあって、広い機能訓練室と多くの訓練器具を揃えて開設したのも先見の明であった。ベテランでソフトな人柄の機能訓練指導員が行事屋さんの雰囲気を発散し、非常勤の理学療法士と協力して、利用者に応じた個別・グループの訓練を楽しい雰囲気で行っていた。

利用者は区民のための区立特養として重度の方を優先して受け入れていたが、養育院在職時に見ていた板橋及び東村山のナーシングホーム（医療と福祉が一体となった施設／以下

「ＮＨ」とする）利用者に比べると、認知症を含めて重度者は少なかった。ＮＨは都全域から重度者を受け入れるのが使命であり、その結果としてこのことは当然ではあるが、それでもＮＨと同じく回廊式の廊下をエンドレスで歩く重度認知症の方もおられたし、四床のショートステイは重介護の方をほぼ切れ目なく受け入れていた。

※なおＮＨはその後養育院の組織改革で廃止になり今はない。

四　地域のこと

「さの」では、日常的に地域の方の協力を多く頂いていた。ホームの前は桜の名所でもある広い公園で、高校のボランティア部の女子生徒さんが毎週来園し、車いすを押して利用者の公園での散歩を手伝っていた。ホーム内の「喫茶いっぷく」の運営は町会婦人部の皆さんにより行われ、毎月一度の防災訓練には町会の皆さんの参加が定例となっていた。私がホームの防火管理者であったが、平成七年秋の火災予防運動で「さの」が足立消防署長から表彰されたのも、町会の協力による防災活動全般が評価されたことによる。ホームは町会の特別会員で、私は夜に行われる町会役員会に出席して、防災訓練や諸行事について説明していた。

毎日山のように出る洗濯物の畳み・仕分け・整理は、ボランティアで来られる幾人ものご婦人によって行われていた。区内美術団体から会員の作品が多く寄せられ、ホーム内を飾った。年数回開催の家族懇談会では、毎回ほぼ全家族が出席された。区の社会福祉協議会による区民向けヘルパー養成研修会では、各主任が講師を務めていた。

足立区出身の歌手・渥美二郎さんの来演は、毎年の恒例であった。一日消防署長として制服制帽姿でみえた元キャンディーズ、スーちゃんの清楚な印象は今も鮮明で、フロアで一緒に撮った写真は私のお宝である。彼女はその後闘病の末若くして亡くなり、青山斎場で多くのファンに見送られての葬儀は大きく報じられたが、生前難病の弟さんのことも話題になっていて、厚労省の医療関係審議会の委員になり、社会派としての活躍も期待されていただけに、一層惜しまれる早逝であった。

五　「さの」を去る際のこと、そして「さの」を振り返って

「さの」には一年八カ月の短い勤務で、平成八年四月から大森老人ホーム開設準備室に移った。その経緯は次項の第三に譲るが、「さの」勤務の後半は、大森の業務と掛け持ちのようになり、しかも当初はその経緯を明らかにしにくい事情もあって、増える電話や出張も心苦しくあった。そして大森の件が正式に決まってから、一部に私が大森に行くステップで「さの」に来たのではないかとの陰の声が耳に入ったが、「それはない」と話したものである。そして

「せっかく『さの』に来てこんなに早く出ていくの?」とのことであったであろうが、皆さんには心のこもった送別会をしてもらい、高価な餞別品まで用意してあたたかく送り出して頂いたことはただ感謝であった。

私は特養ではその後、「さの」の一年三カ月後に「第二万寿園」、九年後に「偕楽園ホーム」に勤めたが、その間の制度改正を含む特養及び介護全般の変化は非常に大きく、それに私個人の職場異動を含めれば、まさに変革の連続であった。

例えば、「さの」勤務時は介護問題が顕在化しつつも、利用者の状況は認知症を含めて特に深刻とは言えず施設内も比較的穏やかであった。そして後に勤める特養ほど、利用者の重度化とそれに伴う介護業務の大変さは急速に進み、リスクマネジメントは必須になった。また当時は措置制度時で、介護保険施行に伴い「運営から経営へ」と言われるようになったのは「第二万寿園」勤務の後半になってからであるが、民間特養勤務の最初がこのような変革期前の「さの」であったこと、更に区立民営のいわば半民営であったことは、私にとってその後に備えての助走でもあったのであり、非常に恵まれたことであった。当時実務面でコンビであったT生活指導主任は、今は法人の常務理事としてその中枢を担っている。

この項の終わりに、「さの」を離れる際の一人の利用者さんの思い出を詠んだ介護短歌を添えさせて頂く。

私など　どうでもいいのと　涙声　抱いて受け止む　別れの辛さ

詞書

百歳に近い女性利用者さん。異動による別れの挨拶で居室に伺った際、顔をくしゃくしゃにしてこのようにおっしゃいました。馴染んで下さっていたその方の私との別れの辛さを思い、申し訳なさが胸に迫りました。

第三　社会福祉法人 東京蒼生会 大森老人ホーム

一　母体である東京都養育院の沿革

本項の前提として、大森老人ホームの母体である東京都養育院の歴史から紹介するが、養育院の起源は江戸時代の赤ひげ先生で知られる小石川養生所（現在の東大小石川植物園内にあった）である。それが江戸幕府直轄の療養所及び救貧施設群として引き継がれるが、明治になって一時は廃止の危機に直面しながらも、紆余曲折を経て東京市の所管になり、その歴史的伝統のもと、身寄りのない高齢者及び生活困窮者、孤児、障害者等の医療・生活支援施設群として継続・発展する。

そしてこのことでは明治以降の我が国産業の勃興期、五百もの企業を起こすとともに福祉・教育にも情熱を注いだ渋沢栄一翁は、昭和六年九十一歳で亡くなるまでの五十有余年、院長として養育院の発展に尽力したのであり、彼自身もこの院長職を終生の誇りにしていた。翁の堂々とした座像は、今も広大な板橋キャンパスの名物である。

年月を経て養育院の各施設は戦災で壊滅的打撃を受けたが、その復旧で戦後の混乱期から高度経済成長初期にかけて板橋区と東村山市の広大な養育院敷地に建てられた養護老人ホーム、特別養護老人ホーム等が、早急な復旧のためもあっていずれも定員が数百ないし千人を超える巨大施設であった。そして入所者は旧来からと同じく、衣食住に医療、クラブ活動等の楽しみを含めて、全て敷地内で自足完結して生活するのが当然とされていた。

ただそのことが、その頃から生じた「人は本来地域に根付き、地域社会と交わって生活するもの」との考えから批判されることになる。ＱＯＬ（生活の質）尊重の延長線上でもあるが、地域福祉重視、そして「コミュニティーケア」の考えである。長年当然とされたことも新しい理念が生じることで見直しを求められることになるのだが、障害者の理想郷とされていたコロニーも、その後程なくして障害者を地域から隔離する閉鎖施設として批判されるのもこの類《たぐい》であった。

養育院の巨大施設群は、大都市東京での生活困難者の住宅難を少しでも軽減するためでもあったが、巨大さでは私が養育院で最後に勤めた、戦艦大和並みといわれた八階建ての巨大な建物が二棟並ぶ、利用者約二千人の養護老人ホーム「東村山老人ホーム」はその代表であった。更にそれまで、養護老人ホームの居室を個室にすることは前記のような状況の元ではまず考えられなかったが、いつまでもそれでは前記のＱＯＬ尊重の趣旨にそぐわないとして、プライバシーが尊重される居室の個室化が進められるようになった。そして更に進んで施設運営、そして施設経営の根本的見直しとして、民間活力による施設経営の効率化とサービスの弾力化を図るべく、都の直営から民営化、即ち社会福祉法人による経営に委ねることも流れになった。

そして養育院が進めていた「ＱＯＬ向上運動」に基づく各施設のリニューアルは、以後この方向で急速に進むことになるが、これらのことでは養育院に設置されている研究所の先導によるものが極めて大きかった。このことはこれを検討していた委員会の委員であった私の実感でもあったが、更に戦後建てられた巨大施設の老朽化が限界まで進み、そのリニューアルが課題になっていたこともあった。

このような背景のもと、特に老朽化が著しい定員四百数十人の養護老人ホーム「板橋老人ホーム」を三分割して都内三カ所に分散新築し、そこに板橋老人ホームの利用者を移す計画が進められた。ＱＯＬ尊重の理念に基づく適正規模での地域密着ホームの考えであり、それがいずれも定員百三十人で、全室個室の「吉祥寺老人ホーム」（武蔵野市）、「潮見老人ホーム」（江東区）、そして「大森老人ホーム」（大田区）である。それぞれ異なる社会福祉法人に運営委託することとし、吉祥寺老人ホームが一足先に開所し、二番手の大森老人ホームが平和島近くの大森本町に建設中であった。ただ独立した建物ではなく、十二階建ての巨大建物を都営住宅と区分利用し、一階が東京都大森老人ホームと大田区大森本町デイサービスセンター、二・三・四階が大森老人ホーム、五階以上が都営住宅である。

※なお養育院は平成十一年、都の組織改正で医療に純化し「東京都健康長寿医療センター」になって、福祉施設はそれぞれ適正規模になったうえで、複数の社会福祉法人に委託された。

二　大森老人ホームの運営受託、そして開設

「さの」勤務も中盤のある日、養育院でこの分散改築を担当していた旧知のM副参事から私に内々にとのことで電話があり、私が大森老人ホームの開設と運営を担当する含みで、「養育院は大森老人ホームを東京蒼生会に運営委託することを考えている。ついてはそのつもりでいてほしい」とのことであった。

続いて同様の電話は東京蒼生会法人本部にもあり、法人としても最新の養護老人ホームである大森老人ホームの運営委託を受けることは願ってもないこと、更に併設の大田区大森本町デイサービスセンターを伴ってということで一層有り難いこと、当然受託の方向で進むことになった。そして養育院の正式決定を受けて平成八年四月、同ホーム・デイサービスセンター開設準備室が法人本部に設置され、室長の私、法人内部登用の管理・サービス両課長、生活支援部門の主任の一人、調理主任等の予定職員で開設準備業務がスタートした。少し遅れてデイサービスセンター所長と管理栄養士は旧知の都福祉局ＯＢに来てもらうこととし、看護師は都立病院から迎えた。

養育院側では、分散改築担当の前記M副参事が引き続き専任スタッフとともにこの開設準備

を担当した。当方とのいわば二人三脚だが、それまでの経緯、そして都としての立場から、大田区、区医師会、保健所等、対外的な面は養育院側が担当した。M副参事とは以前から関わりがあり、その有能さと積極性には敬意を抱いていたので、良きパートナーに恵まれたというのが率直なところであった。東京蒼生会への運営委託についても、私のことが念頭にあっての彼のイニシアティブによるところが大きかったのである。

受託した両施設の開所は翌平成九年の二月、言い換えると十カ月後であり、それまでに準備万端終えなければならない。小なりに一つのプロジェクトであるが、その業務の若干を例記する。なおデイサービスセンターの準備については、原則としてセンターの所長予定者に委ねた。

（一）職員の採用及び研修等

介護を伴わない養護老人ホームの組織、職員体制は、介護が主要業務である特別養護老人ホーム（特養）に比べて大幅に簡素である。養護老人ホームである大森老人ホームの組織は管理課と生活支援課の二課制で、課長と係長、それに管理栄養士、看護師、相談員等の専門職主要職員は、一部を除いて前記のように準備室の早い段階でしかるべき人材を法人内外から確保した。そして十数人採用の生活支援職員、数人の調理師、一人の事務職員（一人は法人内職員）、そしてデイサービス職員は広く公募で選考することとし、夏休みに法人本部近くの小学校の教室を借りて、筆記試験・面接による採用選考を行った。当時は近年と違い応募者は多く、数倍の応募者から多様性をも勘案し、それなりの人材を内定した。

十月に採用者を迎えることから、開設準備室は工事中のホームに近い、大田区大森福祉事務所二階の大会議室に移った。多人数でお世話になった大森福祉事務所からは、「必要なことは何でも言って下さい」とのことで、なにかとご配慮頂いた。

職員にはホーム職員として所要の知識・技能とチームワークで信頼できる業務を行えるように、実践を重視した研修を集中して行った。講師は板橋老人ホームOBを含む養育院関係者、都福祉保健局、福祉専門学校、区医師会等から来て頂いた。

(二) 備品等の整備

利用者のQOLを念頭に設計された大森老人ホームは、居室が個室であることをはじめとして、それまでの救貧的な養護老人ホームのイメージを一新した最新のホームである。一階は事務室等管理部門及び老人ホームとデイサービス共同の調理室、そして老人ホーム専用で百数十人の集会室、和・洋の教養・娯楽室、二・三・四階は各階四十数室、全体で百三十室の居室、階別に食堂と簡単な調理兼配膳室、浴室、談話スペース、職員室、二階に医務室等々、横に長い建物なので廊下は非常に長い。共用の部屋には万葉集からもってきた名前を付けたりもした。

玄関ロビーで行き来できる大森本町デイサービスセンターは、一般型四十人、認知症対応型十二人定数である。視察に見えた大田区の担当課長は、広さと立派さに感心していた。設計図と完成した実際とでは印象が違うのである。

開設準備室が工事中の建物に移った当初は部分的には足の踏み場もない状況であったが、整備が進むに伴い細かい造作、部屋名とその字体を含む表示のこと、色調等を各業者から次々と期限付きで決めて欲しいとの依頼があり、素人頭で思案しながら決めていった。

居室内及び共用室の家具、備品等は立派なホームに相応した。そして生活の場にふさわしいものをと、近隣区業者の展示場に幾度となく足を運んで選んだ。居室の箪笥は居室の広さと雰囲気に合うよう設計し、百三十室分特注した。ベッド、テレビは百三十室分競争入札した。百数十必要な集会室の椅子も、軽さ、色等にこだわって選んだ。和洋あるクラブ・教養室のテーブル等は、品格等を考慮して選んだ。スタッフもそれぞれセンスを発揮し、まずは良質なものを揃えられたと思う。

気持ちの潤いになる雛飾りや節句の兜、図書といった物品は、東京都社会福祉協議会と善意銀行に寄贈の斡旋をお願いし、寄贈者のご自宅に頂きに行った。

(三)　利用者サービスの準備

二人の生活支援課ベテラン主任のもと、板橋老人ホームから届けられた百三十人の膨大な利用者資料に基づき、各利用者の担当生活支援職員と居室を決め、利用者ごとの書類や表示の整備が進められた。

調理はホーム、デイサービスに合わせて朝昼夕それぞれ百数十食だが、管理栄養士は東京都栄養士会役員もしていた旧知の福祉局ＯＢ、調理主任は長年「万寿園」で主任をしていたベテランで、いずれも全て安心して委ねられた。

医務室はホーム内診療所であり、内科・外科と精神科の嘱託医は大田区医師会の推薦により、ホーム近隣と大森駅近くの開業医に委嘱した。入所時と定期の検診、定例の曜日と緊急時の診療にみえるが、日常の健康管理は看護師二人体制による。医務室と調理室は衛生管理に厳しいのは当然で、特に施設新設時には保健所の厳しい検査を受け、所定の届け出も多い。全利用者の書類整備をはじめ、少人数職種である管理栄養士と看護師の業務の多さと責任の重さは大変なもので、残業続きでよく頑張ったものである。

事業計画書、防災計画書、各種規程とマニュアル等は課長、係長で分担して整備し、所定の届け出をした。運営・サービスの基本となる事業計画書は養育院事業部長も評価して方々に紹介していたが、私もそれまでの業務の蓄積を発揮するとともに、この度の分散改築の理念を明示することに務めた。

三　開所式と開所後のこと

(一) 開所式、そして利用者のお迎え

平成九年二月の開所式前日、ホーム集会室で理事長より全職員に辞令が交付され、続く挨拶で今後への期待が述べられた。

開所式は紅白の幕で飾られた集会室で、都副知事、大田区長、区議会議長、区医師会長、区社会福祉協議会長、都議、区議等、集会室満員の百数十人の来賓を迎え、M副参事の進行で行われた。式後の施設見学では要所に説明の掲示を掲げ、それぞれ職員が説明をした。全て予定通り行われ、門出にふさわしいハレの日であった。

そして三月にかけて、板橋老人ホームから百三十人の利用者を数回に分けて貸し切りバスでお迎えした。玄関ホールには寄贈の雛人形が飾られた。トイレ・洗面台・冷暖房付きで、ベッド・箪笥・テレビ等が備えられた個室の居室をはじめとして、施設全体の立派さに皆さん「ホテルみたい」と感嘆の声を上げていた。夜になると近くに見えるライトアップされた東京タワーに歓声を上げていた。

ただ日を経るにつれ、一部の利用者に生活環境の激変に伴う不適応症状が生じた。板橋老人ホームは当時の養護老人ホームのほとんどがそうであったように、居室は全て四〜六人部屋、そして築数十年の老朽化で全体に雑然としていた。長年その環境に馴染み、仲間と一緒に気遣いもなく暮らしていたのが、ある日からホテルのような個室の居室で暮らすようになったことに順応できず、夜になるのが怖い、壁が倒れ天井が落ちてきそう、眠れない等と訴える利用者が出たのだった。そのうちの一人は、板橋では詩吟を詠い、書道をたしなむ社交的な女性であった。

また長年の救貧施設の歴史を引き継ぐ板橋老人ホームは、粗暴等世話が大変で、民間ホームが敬遠する要保護者を受け入れることを使命とし、当時ある意味で特別視されていた山谷からも多く受け入れていた（大阪の釜ヶ崎と同じだが、今では山谷・釜ヶ崎とも当時の状況ではない）。朝から飲酒して食堂に出て来ない、所定の日課には無関心、口調の乱暴な利用者も多くいたが、そのような利用者に慣れない大森の職員には戸惑いもあった。

幾度となく日課と生活習慣を話し合い、クラブ活動や行事に誘い、協力する仲間を増やす。近くには自然に恵まれた平和の森公園があり、他の利用者の協力で誘い出す等のことを地道に行うことで、この状況は比較的短期間になくなったように思う。ゆるやかなグループ化で馴染みを広げる援助をすることが基本であり、そのようなことを通して、最初は馴染めなかった利用者も次第に新しい生活環境に順応するようになった。

（二）利用者懇談会・広報紙・クラブ活動

集会室で全利用者を対象に、また各階の食堂でその階の利用者を対象に、意見・要望を聴くことを含めて、懇談の機会をかなりの頻度で設けた。また利用者の原稿も掲載して広報紙を発行し、ホーム内及び町会、婦人会、社会福祉協議会等に配布した。私の在任時には三号までしか出せなかったが、私の掲載文を読んで真っ先に感想を言いに来た女性利用者は、以後私のファンになった。このような懇談会開催や広報紙発行は、当時の老人ホームでは珍しいことであった。

クラブ活動は絵画、コーラス、茶道、華道から始めた。茶道と華道の講師は私の都の元同僚女性にお願いしたが、お互い久しぶりの再会であった。絵画とコーラスの講師は、地元社会福祉協議会の紹介で来て頂いた。いろいろな道具類は板橋老人ホームからどっさり運んだ。少し遅れてできたカラオケクラブは、板橋以来の女性世話役利用者のリーダーシップで始まった。パソコンクラブは利用者の声を受け、職員が講師役になってスタートした。

（三）地域のこと

板橋老人ホームを適正規模で地域に分散改築する趣旨は、前記のように利用者が地域社会に馴染む生活をすること、そして旧来の養護老人ホームにつきまとう閉鎖性と救貧性のイメージを払拭することであり、大森老人ホームはそれにふさわしい器として用意されたのである。新設計画時には地元で反対運動もあったが、この趣旨が理解されて次第に鎮まったと聞く。

地域のキーパーソンである町会役員さんや商店主の方々の、なにかにつけてのご厚意は有り難かった。老舗の海苔店主さんからは、「皆さんに」と大森名産の海苔を頂くこともあった。近くの小学校とのお互いの食事会招待やホームでの歌唱披露、学芸会招待は翌年後半から行われるようになったと聞くが、学校としてもホームは福祉教育の生きた拠点でもあった。

利用者の皆さんにとっても、素晴らしいホームで生活していることは案外大切な心理的要素であり、小グループでの外出や外食で馴染みの店も増えたが、皆さんが施設にいることで引け目を感じることなく大森の土地に馴染むことで、地域に根を張る大森老人ホームになるのである。

四　第二万寿園への異動内示

突然であったが、私は平成九年七月一日付で、特別養護老人ホーム「第二万寿園」施設長への異動の内示があった。大森開所後四カ月少々でまだこれからという時期であったが、施設長が一身上の理由で突然退職することになったことでもあり、「大森老人ホーム発展の苗は植えたのだからこれでよし、後は後任に任す」ということであった。

それに団塊《だんかい》の世代の高齢化で、要介護予備軍である後期高齢者が急速に増えている状況でもあり、それに伴い特養のニーズがますます高まっていくわけだが、その見通しの特養への異動はむしろ望むところであった。私にとって「第二万寿園」は「さの」に次いで二カ所目の特養であり、更に後には、いわば特養勤務の総決算でもあった「偕楽園ホーム」に勤めるのだが、この異動はその時流に沿ったものでもあった。

五　大森老人ホーム開設を振り返って

法人が行政から施設の運営委託を受けることは、委託側の期待に応えて適正な費用で質の高い利用者サービスを行う責任を負うことであるが、法人はそれに伴い事業規模が拡大して経営基盤が強化される。ましてその施設は養育院が「QOL向上運動」に即して建設した夢の養護老人ホームである。大田区から運営委託を受けた大森本町デイサービスセンターも、一般型と認知症対応型を備えた最新モデルである。

私自身短期間だが、養育院で板橋・東村山両ホーム在職時に、末端で大森老人ホームの設計等に委員として関わっていたが、思いもよらずそのホームの開設を委ねられ、そこの利用者を迎えて皆さんの幸せ一杯の笑顔とともにスタートできたことは、誠に有り難い仕事冥利に尽きる出来事であり、二人三脚で働かせて頂いたM副参事とそのスタッフへの感謝であった。

一年三カ月という短期間であったが、このようなめぐりあわせで「大森老人ホーム」の開設をスタッフと共に担当できたことを幸いに思うのである。

第四　社会福祉法人 東京蒼生会 第二万寿園

一　第二万寿園の沿革

「第二万寿園」の開設は昭和五十五年で、昭和二十七年に創設された東京蒼生会にとって、養護老人ホームと軽費老人ホームを併設した「万寿園」に次ぐ二番目の老人ホームである。その頃はまだ数少ない要介護高齢者が対象の特別養護老人ホームであった。東村山市の旧陸軍跡地に万寿園に隣接して建てられているのだが、つい一年弱前に私は、短期間ながら万寿園内にある法人本部の一室に置かれた「大森老人ホーム開設準備室」に通っていたのである。

第二万寿園は当時築二十年で、市内で最も古い特養の老舗であった。居室はその頃の特養の標準ともいえる全て四人部屋で、定員は特養百人であった。別にショートステイ四人で、廊下続きで「寿デイサービスセンター」が併設されていた。

F理事長は都庁の古いOBだが、東京蒼生会にも長く、七十歳代の穏やかな人柄、そして「蒼生会のことは何でも知っている」と自他ともに認められる存在であった。そのF理事長のことで余談だが、私たちが法人本部の大森老人ホーム開設準備室にいたとき、市内のある古い特養が深夜火災で全焼し、利用者七人がベッドに寝たままの姿で焼死するという痛ましい事故があった。当然その特養は閉鎖され法人は解散になったが、理事長はその特養の施設長を含む職員数人を東京蒼生会で受け入れ、大森老人ホームの要員としても事務職員が配置された。そこまでする法人は他になかったが、そのような温情ある人柄であった。

二　管理・運営

第二万寿園は歴史ある施設だけに職員は各係ともベテランが多く、皆さん定着して勤務していることでホーム全体が安定した雰囲気である。特に各主任は「超」がつくベテラン揃いで、各係とも主任を核にしてチームワークも良い。そして全サービスを指導・調整する穏やかな女性の指導部長と、全体に注意を欠かさない相談係主任の優れたリーダーシップのもと、介護・看護・食事・機能訓練等の各サービスが連携して有効に機能していた。近隣地域に住む職員が多く、職員を含めて地域に根付いた施設でもあった。

食事の評価も高かったが、食事の時間には管理栄養士と全調理師は食堂を回って利用者に声を掛け、食事の感想を聞いていた。嗜好調査も一人ひとりへの聞き取りを含めて頻繁に行っていた。

ただ第二万寿園、そして三施設で六年八カ月になる東京蒼生会勤務を通して、唯一起きた死亡事故は忘れられない辛い思い出である。平成十一年、私が寿デイサービスセンター施設長兼務になった直後、認知症対応型デイサービスの利用者さんが、昼食でミルクに浸して食べていたパンが喉に詰まり、救急車が来るまで逆さにしてのタッピング、掃除機での吸引、人工呼吸等を行ったが力及ばずであった。ご本人の嚥下《えんげ》能力上も特に無理はなく、いつも通りの摂食方法であったが結果は結果である。ご家族には分単位に経過を説明して資料をお渡しし、頭を下げるのみであった。ただ同居のご長女が都立病院の婦長さんで、「病院を含めてどこでもあり得ること」とご理解下さり、平穏に処理できたのはただ感謝であった。

介護の重度化と権利意識の広がりもあり、この頃から介護事故とそれに伴う裁判も増え、施設でのリスクマネジメントが必須になるのだが、私にとってもあらためてその対策の重要性を認識した事故であった。

三　施設及び備品等の整備

東京蒼生会は以前からの福祉の伝統を大切にしながらも、法人・施設の運営ないし経営の面では旧来の体質を引きずり、公的な制度の活用は消極的であった。そのこともあって施設の老朽化が著しく、そのグレードアップは最大の課題であった。そして幸い私の着任初年度に東京都大規模修繕費補助を受け、屋上・壁面全体の雨漏り防止、その他小修理を含む全面塗装を行ったことは皆さんの喜びも大きかった。外壁塗装の色調を決める参考にと職員がグループで近隣施設・病院等の外装を見て回り、その結果ややユニークであったが濃緑の色調に決定した。全面塗装後の屋上で利用者・ご家族一緒にビアガーデンを行ったが、案外近くに見える西武園の打ち上げ花火を見ながら、西武園が第二万寿園全面塗装の完成祝いをしてくれていると言って喜んだものである。

ただ当時の特養は程度問題はあるが老朽施設が多く、そのようななか、「さの」を先駆けにしてグレードアップした特養が徐々に新設されるようになり、更に遅れて個室でユニット単位の特養が建てられるようになったのである。

更にその後十数年を経て、第二万寿園は全面リニューアルの大改築が行われ、個室ユニット型六十床、四人部屋四十四床、ショートステイ六床、合計百十床の特養に生まれ変わった。利用者サービスはユニット単位に行われ、備品等も全面更新された。それも利用者が入居した状態での難工事であったが、その工事を主導したT施設長は、私の施設長在職時の相談係主任であり、この工事も彼の優れたリーダーシップによること極めて大であった。そして前記の建物全面塗装工事等も、この全面改築まで十数年の繋ぎの役割であったのである。

備品では、馬主協会の補助で福祉自動車を購入し、赤い羽根共同募金会の補助で当時まだ珍しかったチェアイン浴槽（椅子方式で入浴できる浴槽）を設置した。府中競馬場で行われた助成金交付式に理事長と出席し、式後に競馬を初めて見たが、助成金交付式を毎回競馬のある日に行うのは馬主協会の施設関係者への配慮であった。

東京蒼生会は昭和二十七年の創設当初から旧華族の方の会から毎年ベッド等の寄贈を頂いていることが縁で、その事務局がある超高層ビルの先駆けである霞が関ビル最上階の霞会館にお礼に伺ったことがある。玄関に飾られた豪華な調度品には見惚《みと》れたが、旧佐賀藩の気品ある鍋島元公爵にお会いし、旧華族の会としても長年の伝統を受け継いで福祉への貢献を大切にされていること、そして東京蒼生会とは昭和二十年代からの縁であること等のお話を聞き、その深い造詣《ぞうけい》には感銘を受けたものである。

四　利用者サービスのこと

老朽であった当時の第二万寿園は、引き続き小改修はしながらも住まいとしての生活環境では必ずしも恵まれているとは言えなかった。しかし多くの利用者には少々かっこ良すぎる表現だが、「狭いながらも楽しい我が家」ではなかったか……。それは長年にわたり利用者と職員集団との交流に伴い培われてきた、「良き施設風土」と言えるものであった。

機能訓練がその後ほど言われなかった当時、百歳に近い男性利用者さんが女性職員の声掛けで廊下の長椅子に腰掛けて「一、二」と足を上げる運動を始めたが、それに他の利用者も加わり、廊下での集団リハビリが毎日の日課になっていった。

皆さんに楽しんで頂く演芸等の行事には若い職員も知恵を絞っていたが、行事の最後は私が職員コーラスを指揮して、「埴生《はにゅう》の宿」か「ふるさと」を歌うのが通例であった。

五　介護保険法の施行

（一）措置制度から介護保険への移行

平成十二年四月、介護保険法が施行され、社会福祉事業法は社会福祉法として全面改正された。長年の措置制度から四十歳以上総加入の介護保険制度に移る大改革である。医療保険に続く国民皆保険の一環であるが、高齢化と核家族化に伴う介護の深刻化を見据え、ドイツに続く世界で二番目の実施であった。

現場での介護保険への移行業務は、施行一～二年前からの大仕事であったが、内容によっては枠組みが示されていても細目が示されないため、それ以上進められない状況もあった。そしてその細目が施設に泊まっていた施行日前日の三月三十一日深夜、ファックスでカタカタと大量に送られてきたのが今も記憶に残る。関係する行政機関、事業所・施設は全国どこも徹夜であったであろう。

施設・居宅を含めてサービスの種類は大幅に増え、それぞれのサービス費用負担はサービス費の十％（現在は所得に応じて十～三十％）と明確である。サービス別に契約書、運営規程、重要事項説明書を作成し、それに基づいて利用者と個別に利用契約を進めることになった。

利用するサービスは役所の「措置」によるのでなく、利用者に選ばれての契約によることになった。上から目線の「処遇」という用語は使われなくなり、「支援」ないし「サービスの提供」になった。そして利用者とサービス事業所を媒介するのが、新設された専門職としての介護支援専門員（ケアマネージャー）である。サービスを競っての施設間競争の始まりでもあり、理念は福祉だが利用施設・サービスの選択と手続きは商行為と同じである。福祉元年といわれる所以である。

介護保険施行一年前の平成十一年四月、全国一斉にだが東村山市にも要介護認定審査会が設置され、私も委員を委嘱された。医師・薬剤師・施設長等五人で構成する審査会がいくつか設置され、それぞれの審査会でケアマネが作成したケース資料に基づき一件ごとに要支援と要介護1～5の介護度を合議で判定するのである。

私の審査会は毎週月曜午後七時の開始であったが、事前に渡された約十五件のケース資料を開催日前日の日曜にほぼ半日下調べし、認定度について自分の案を決めて市役所で行われる審査会に臨むのが毎週の日課になった。当初はお互い不慣れで合議も長引き、月曜は深夜に帰るのが常であったが、ポイントを押さえることにも慣れ、次第にスムーズに進むようになった。なによりもこの経験を通して、制度施行前の早い時期から認知症を含む多様なケースについて、認定の要点を学ぶことができたのは大きな収穫であった。

市も総動員体制であり、私の審査会の進行役は市の管理栄養士さんであったが、実によく勉強していて審査会のリードも完璧であった。地域で行われる夜の説明会にもほぼ毎週出るとのことであった。

(二) 居宅介護支援事業所及びヘルパーステーションの設置

東京蒼生会は東村山市の要請を受け、要介護認定調査と居宅サービスのケアプランを作成する「寿居宅介護支援事業所」を設置することになった。また以前から市の委託で行っていた登録家庭へのホームヘルパー派遣事業を介護保険で新設された「訪問介護」で行うこととし、「寿ヘルパーステーション」を設置することにもなった。そしてこの両事業所を従来からの寿デイサービスセンターとともに第二万寿園の併設事業所とし、寿デイサービスセンターの棟続きに二階建ての建物を増築して、一階を「寿ヘルパーステーション」、二階を「寿居宅介護支援事業所」とした。

それに伴い有資格を含む所要職員の配置も急務であり、居宅介護支援事業所には新規採用一人を含めて、第一回ケアマネ資格試験に合格したばかりの三人のケアマネを配置し、寿ヘルパーステーションには二人のサービス提供責任者を配置して、四月一日の介護保険施行前に無事発足することができた。そしてそれまで相談のあったケースの処理を進めたのだが、全てが大車輪であった。

私は建前では、従来からの第二万寿園と寿デイサービスセンターに新設のこの二事業所が加わっての「統轄事業所　第二万寿園」の施設長になったが、私自身パンク状態になりながらも、従来からの二事業所の介護保険への移行と前記二事業所の新設が無事に行えたのは、何よりも各事業統括者の優れたリーダーシップと連日深夜業であったタフな皆さんの奮闘によるものであった。私も皆さんの底力をあらためて思い知ったものだった。

ただ新設サービスの事業所はそれなりの大変さもある。例えば「訪問介護」は潜在的にニーズの多いサービスだが、それが介護保険サービスになったことでニーズが掘り起こされた反面、訪問介護事業所が急には新設されないことで、利用申請が寿ヘルパーステーションに集中することになったのだ。ヘルパーの募集に追われる等、サービス提供責任者が業務の大変さを訴えることもあったが、サービス提供責任者も増員し、生みの苦しみを通りながらもサービス提供のサイクルが徐々に回ってくると、「これで良かったのだ」と自信も生じた。

居宅介護支援事業所も市内ではまだ特養併設の二カ所しかなく、寿にも新規申請が集中することになる。職員も連日の深夜業を当然としていた。そしてこの状況は介護サービス事業者にはまたとない商機ということでもあり、地域で各種サービス事業所の新設が急ピッチで進んだことで、一～二年後には切迫した状況はなくなったように思う。そしてそれ以後は事業所が利用者（お客さま）に選ばれてのサービス競争の時代になったのである。それは介護保険制度が意図することでもあった。

この時期の大変さはどの法人・事業所も同じだったが、老舗法人であることで市から直接依頼されることの多かった東京蒼生会の大変さは並み以上であった。そしてそれを乗り越え、一つのプロジェクトでもある前記業務全体が無事に進んだのは、やはり第二万寿園グループの全職層・職諸職員の底力であった。

職員は新しい仕事をすることで育ち、新設の事業所は法人の貴重な財産になる。統括事業所の第二万寿園には、後に「東村山市西部地域包括支援センター」と「高齢者配食サービス」が更に加わるのである。

(三) 介護保険施行後の事業運営、そして介護保険についての見解

介護保険施行に伴い毎月全施設長による経営会議が行われ、月々の経営実績と年度見通しを各施設長が報告して、それに伴う課題を検討し合うようになった。更に全面改訂された財務諸表に基づいて経営を中長期的に検討するようにもなった。民間会社では当然のこととして行われていることだが、介護保険事業収入で経営することになった社会福祉法人も、経営としては民間会社並みになったのである。文字通り「運営から経営へ」の変革であった。

なお介護保険にはごく少数だが反対を述べるのがいた。例により保険でなく公費によるべきというのも決まり文句、審査会での要介護認定は如何にいい加減かと述べるのも（わかり易いからであろうが）常套句である。サービスの制限になるというのもワンパターンだが、反対の主張はいずれも急速に進む少子高齢化と民間活力の実際を軽視するものである。財政的にもエンドレスで増加する介護費用は医療保険同様保険制度による以外には持続不可能であり、要介護認定により適正なサービスと費用負担を図るのも当然である。

サービス実施面でもますます増大し多様化する介護ニーズには、介護・医療の民間事業所を

含む地域ネットワークの活用なくして対応できるものではない。後に行われるようになった地域包括ケアシステムは介護サービスが必要な人に行き渡るようにする仕組みであり、このようなことはお役所仕事の措置制度で対応出来るものではない。養育院ＯＢによる介護保険反対の出版も複数出ていたが、いずれも経営への無関心、そして制度無知と曲解によるものでしかなかった。

六　退職、そして東京蒼生会を振り返って

介護保険施行後一年を経て、制度運用も定着した平成十三年三月、法人が定める六十五歳の定年で東京蒼生会を退職した。そう長くはない六年八カ月の間に「さの」「大森老人ホーム」「第二万寿園」を次々異動し、民間法人で三者三様の経験ができたことは後のためにも貴重な経験であった。特に第二万寿園勤務の後半にあった介護保険への移行、そしてそれに伴う居宅介護支援事業所とヘルパーステーションの新設では、その後のための有益な知的財産を得た。併せて法人には、大森老人ホームの運営受託をはじめとして、後に残るそれなりの貢献をしたとの自負はある。

余談ながら私は令和三年六月で法人評議員を退任し、東京蒼生会との二十七年に及ぶ縁を終えたが、その間の理事長は五人であり、その他全てにおいて当法人の変わりようは今昔の感で

ある。特に法人事務局体制は格段に充実し、令和二年度から会計監査法人の監査を受けるようになったこと等、コンプライアンスに基づく法人経営が進んだことは大きな前進である。今後も一層の発展を期待したい。

第五　ハスタ株式会社

一　ハスタ（株）のこと、そして入社の経緯

第二万寿園在職時に受けていた第二回介護支援専門員資格試験に合格し、東京蒼生会退職後ケアマネ業務を行うのに必須の一週間ほどの介護支援専門員実務研修を受講して、平成十三年十二月から介護専業のハスタ株式会社に勤めた。ハスタとは仏教由来の言葉で「手」を意味するとのことである。

ケアマネには施設ケアマネと居宅ケアマネがいるが、多くは居宅要介護者のケアプラン作成と要介護認定調査を行う居宅ケアマネである。私は長かった施設勤務をいったん離れ、本流の居宅ケアマネを経験したいと思っていた。居宅ケアマネができないと一人前のケアマネではないとの認識で、それには実際にその業務をしないと居宅ケアマネのノウハウは身に付かないとの考えからだった。

介護保険施行二年目の当時はまだケアマネ不足で、起業した居宅介護支援事業所にとってケアマネの確保は大変であった。ハスタのことは実務研修仲間から聞いており、東上線成増駅に近く自宅から自転車で通える距離。そして素人ながら歓迎して迎えて頂く雰囲気を感じ、入社

を決めた。

社長は旧国鉄（ＪＲ）で要職を歴任して数年前に退職した人で、中古マンションの一部を改装して居宅介護支援・訪問介護・福祉用具貸与等を行う株式会社を立ち上げて一年少々の頃である。社長夫人が副社長兼訪問介護サービス提供責任者、それを長男・次男が手伝うという家族全員による会社である。将来の介護事業の発展を見越して介護保険施行時に起業した、アマチュアながら志《こころざし》のある会社である。その意気に感じ、私も応援する気持ちであった。給与は実績給だが、そのうえに私の履歴を見てのことであろうが特別顧問になり、過分ともいえる手当を頂くことになった。業務と通勤に私専用の電動自転車も与えられた。厚遇であった。

二　居宅ケアマネの業務

（一）ケアプランの作成

ハスタに最初から勤めていた若い女性ケアマネが板橋区にある淑徳短期大学福祉学科の講師になるため退職を予定し、その後任を求めていたのだが、彼女によれば「やっと後任がつかまった」とのことであった。都の一年先輩の元福祉保健局指導部長が淑徳短大で教授をしていたのだが、その彼から私のことを聴き、早く来てくれないかと待っていたとのことであった。

彼女はてきぱきした多才な印象で、優れた短大教師になる才能を感じた。その彼女からパソコンでケアプラン作成の手ほどきを受けながら、三十数件のケアプランを引き継ぎ、その各家庭と関係先を一緒に挨拶回りした。そして「もう安心、ハスタはこれで大丈夫」と言って退職した。

一人職種だから私もフル回転するつもりであったが、ケアプランが三十数件では物足りないと、まず六十件程度に増やすことを目標にした。ハスタの所在は板橋区だが、練馬区と和光市（都に隣接する埼玉県の市）に近いことから、この三区市を営業地盤とすべく、ほぼ同じ内容だがそれぞれが行う要介護認定調査従事者研修を受けた。認定調査からケアプラン作成依頼に繋がることが多いのである。三区市役所の介護保険窓口に行き、「どんな困難ケースでも引き受けますよ」と顔を売った。認定調査はもちろん、ケアプランの作成依頼も役所からが多く、役所との信頼関係は重要である。

ケアプランを継続して増やすには、担当ケースの入院・死亡による減少が月に一～二件はあるため、それ以上の新規増がなければ純増にはならない。認定調査が月に二～三件あり、それに住宅改修・福祉用具貸与等の手間のかかる仕事もある。そして精力的にこのペースで続けた結果、半年程で二倍近い六十数件になり、業務はパンク状態になった。それでも「ハスタの仕事は安心」との信頼を大事にすべく無理をして受けることもあったが、しかしそうは続かず、三区市には心苦しくはあったが認定調査は原則としてお断りし、新規ケアプランも適当に間引かせて頂いた。日中は殆んど訪問で飛び回り、デスクワークは夕方になって会社のパソコンですることになる。夜遅くまで仕事をしていると、上階に住む社長夫妻から「無理をしないように」と電話が来ることもあった。しかしケアマネの仕事は盆も正月も関係なく、月初めは前月実施したサービスの実績をまとめ、月末は翌月実施するケアプランを作成しなければならない。そして期日厳守は絶対である。当時のケアマネは今以上に若中年女性が多く、私のような高年齢男性は珍しかった。経歴を含めて区市の窓口でも私のことは目についたようで、早くから難ケースを相談されることもあった。特に市独自サービスが多い和光市とは緊密になり、後に非常勤職員で招かれることになる。

（二）訪問介護との協業

訪問介護はハスタの主要業務であり、訪問介護のケアプランが増えるに伴いヘルパーを常時募集していたが、当時は三十数名のヘルパーがフル回転であった。多くが近隣の家庭の主婦で皆さん元気はつらつ、そしてヘルパーを楽しんでいる雰囲気であった。私は訪問介護サービス提供責任者の社長夫人と机を並べていたが、ヘルパーの大部屋とは境はなく、利用者のことも常時情報交換し合っていた。

会社としてヘルパー研修会を月一回夜間に行っていたが、特養経験のある介護福祉士ヘルパーが講師役で、入浴等の身体介護をお互いが利用者役になるなどして学んでいた。私も介護保険制度の仕組み、利用者のプライバシー遵守、サービスマナー等を話した。

私は皆さんの父親に近い年齢で、社長が私を持ち上げることもあって皆さんに大事にしてもらい、お互い楽しい仲間の感覚であった。そして第二万寿園でヘルパーステーションの開設を担当したときには（ゆとりが全くなかったこともあったが）このような和やかなヘルパー集団づくりにまで頭が働かなかったことを思った。

（三） 福祉用具・住宅改修

不器用な私は福祉用具の分野は苦手であったが、オールマイティーのケアマネには必須の業務として、ハスタで最も学んだ分野の一つである。新規契約時のベッド組み立て、入院・死亡に伴うベッド解体を何度も社長に同行して手伝ったが、慣れるまでなかなか大変であった。社長が技術畑出身であることもあってハスタは福祉用具を営業の重点にしていたが、特に特殊寝台と車いすの貸与及び便器の購入が多かった。当時、軽介護度の利用者に必ずしも必要のない高貸与単価の3モーターベッドを勧める悪徳業者が報道されて問題になったが、これなどはケアマネが知識不足で悪徳業者の言いなりになっていたことによる。多様なハンディキャップに応じた車いすの選択は専門的で、信頼できる業者との提携は必須である。ベッド・車いすは貸与だが便器は購入であり、使用後のものを返品というわけにはいかない。例えば安いからといって小さい便器にすると姿勢維持が不安定でかえって使いにくく、不衛生になる。

住宅改修は手すり設置と段差解消が多いが、これも高齢者や障害者にきめ細かい配慮ができる専門性の高い工務店と提携することが必須となる。私は早くから福祉分野を専門にする業者と提携していた。住宅改修の国基準上限は当時十万円（現在は二十万円）、利用者負担割合は当時一割（現在は一～三割）だが、和光市では上限が百万円（利用者負担割合は国基準と同じ）であったことは全国でも画期的であった。そしてこのことでは浴槽を低くすることと和式便器を洋式便器に替えることが殆どであった。浴槽との出入りが容易になることと、腰掛けて用が足せるというニーズが多いのである。

数十万円で屋内を安全・容易に移動できるようにする床の全面張り替え工事も行った。

認知症の夫と二人暮らしの女性が高齢で二階に上がれなくなり、昇降機の設置を希望された。一基約百万円近くだが、多くの家の階段と同じくそのお宅の階段も途中で曲がっている。そのため二基必要で、費用は百万円を大きく超すことになる、ということでこの件はあきらめて頂き、二階の用事は訪問介護によることとした。おかげで私は昇降機にも詳しくなった。

私は後に偕楽園ホームで居宅介護支援事業所の管理者を兼ねたが、そこで福祉用具や住宅改修の相談を受けたことは一件もなかった。ケアプランも多くは単純であったが、ただケアマネは各種多様なサービスを経験することで育つのである。

三　利用者のこと

（一）　チームケアの事例

和光市の大規模マンションで一人暮らしをする四十歳代の元銀行員は、聡明で意思の明確な女性であった。難病でベッド上から全く動くことができず要介護５。自分の意思による自立した居宅生活を望まれ、施設入所は望まれない。身内等の面会はなく、日常の生活は全て介護保険サービスによる。しかし必要なサービスが要介護5の限度内に収まらないのだが、幸い和光市には国基準を超える額を市が負担する上出しサービス（例えば住宅改修の上限額十万円を百万円とする）、介護保険にない市独自の横出しサービスがあった。市と相談し、市横出しの通院移送サービスを毎月フル活用することで、必要なサービスを全て行うことができた。和光市上出しの住宅改修により、ベッドから浴室への移動リフト設置工事も行った。

翌月のケアプラン作成と前月サービスの結果のまとめは、夜遅くなってから書類を床一面に広げての難問パズルであった。訪問介護、訪問看護サービスが一事業所のヘルパー・看護師では足りず、二、三の事業所にお世話になることになるのだが、事業所が違っても皆さん自ずと気持ちが一つになる。まさに完璧なチームケアであった。多様なケースのケアマネをすることで、ケアマネも鍛えられるのである。

（二）認知症高齢者のこと

昼は一人で過ごしているまだいたって元気な板橋区の老男性が、気ままに遠くまで出歩かれて帰れなくなることが頻発するようになった。責任ある立場の長男・長女もなすすべがなく、相談を受けることになった。通所介護と訪問介護を限度額一杯利用したが、それにしても日中の全てをカバーできない。その後も保護された警察署に引き取りに行くことがあったが、いずれにせよ事故の危険と紙一重である。それに認知症の当人が日中を通して自宅で一人になることへの人権上の配慮、そして不安と混乱から症状が悪化することも危惧された。区とも相談し、常時医療を伴う介護が必要と考え、介護保健施設（老健）に入所して頂いた。親孝行の長男・長女にも辛いことであったが、当人から忘れられないよう、出来るだけ面会して頂くようお話しさせて頂いた。

なお介護保険が始まってまだ間もない当時、認知症介護の大変さが要介護度に反映されてないことが問題になり、後に認知症介護を実状に即して厚くする内容に是正されたが、是正前であったこの件はその指摘が当たるケースであった。

板橋区、和光市では、認知症の方は地域的に板橋区の旧養育院医療センター物忘れ科と認知症専門の和光病院に通院する方が多く、私も幾度か患者さんに同行したが、治療方針や服薬処方は概してワンパターンであった。自宅に近い和光市の理化学研究所（理研）で研究者による認知症の講演を聴いたことがあるが、現段階の認知症医療はまだ〈ｔｒｙ　ａｎｄ　ｄｏ〉の印象であった。

全国ニュースにもなったが、数年前名古屋で徘徊高齢者がＪＲ東海の線路内に入り、列車ダイヤが乱れたことに対してＪＲが損害賠償を求めた裁判が最高裁まで争われ、ＪＲが敗訴した。家族が徘徊を防ぐことの困難を前提にした判決として一般的には評価はされたが、しかし当事者がＪＲのような大企業でなかったらどうであったか。零細事業者、普通の隣人であっても、認知症加害者による損害は全て泣き寝入りするしかないのか。新聞での識者の評論もこの件では評価するとしても、一般論としての結論は不明瞭であった。

認知症及び家族の状況もいろいろで一概には言えないが、長年の特養経験での私見では、中重症者ほど生活環境とスタッフに恵まれている施設での生活が適していると考えている。

認知症への対応について、新聞等で「認知症は治る」といった安易な記事が目につくのも気になるところである。認知症の人の人権尊重は当然として、重介護認知症の本当の大変さを知ろうとしないで、結果として甘い幻想を振り撒くのは如何なものかと思う。

四　退　社

一年程前から福祉サービス第三者評価制度が始まり、東京都では社会福祉施設は毎年その評価を受けることとされた。ただ評価を行う評価事業所の整備が急には追いつかず、それをカバーするため東京都社会福祉協議会（以後「東社協」という）がその評価事業に乗り出していた。ただ評価人材争奪の状況もあり、私は都OBが設立した評価事業所から評価者の誘いを受けてもいたが、ハスタに勤務していたため断っていた。しかし新しい分野のこの仕事も一度はしてみたいと魅《ひ》かれていたが、ただ同じするのであれば組織がしっかりしている東社協でと思っていた。

ある日和光市で介護保険を所管する「長寿あんしん課」から、新年度から週四日の非常勤で市に勤めてほしいとの誘いを受けた。和光市の介護保険サービスについては本項で一部記したが、市独自に国基準を超える介護サービスを行い、長く元気で暮らせるよう各種介護予防を積極的に行う等で、いわば全国に知られた介護先進市である。その頃安倍総理が和光市の介護行政視察に見えてもいたが、私もその和光市で仕事をするのは有益なこととその誘いにも魅かれた。そして東社協の業務は月二日の施設訪問調査と事後の調査結果報告会、そして東社協での施設訪問前と後の打ち合わせであり、主な業務である評価書作成は自宅でのパソコン作業である。東社協との連絡は自宅のファックスによることで全体としては自宅での作業が多い。

ということでいささか欲張りだが、平成十五年四月から東社協と和光市役所を兼務することとし、ハスタを十五年三月で退職することとした。求められるうちは経験を広げることを精一杯するということであった。人並みより好奇心が旺盛であったということであろう。

ハスタでは私の後任のケアマネも決まり、一年後には社長夫人もケアマネ資格を得た。

五　ハスタを振り返って

① ハスタには一年四カ月の短期間ながら自分のペースで高密度に働き、初体験の居宅ケアマネとして凝縮した期間であった。第二万寿園が施設での介護保険実務学校であったのに対し、ハスタは居宅ケアマネの実務学校であり、この両方を経験したことは、後に偕楽園ホームに勤

めるに当たってもいわばオールマイティーの自信であった。

② ハスタではケアプラン及び訪問介護の件数を格段に増やし、ハスタのネームバリューを役所、介護業界をはじめ地域に広げたことで、ケアマネとしては十二分に貢献したと思う。しかし特別顧問としてはその名に相応する貢献をしたとは思えない。ご家族と幾度か食事をご一緒したが、その際も特別顧問らしい話題がさほどあったとはいえない。ハスタの将来計画ないし夢などを社長から一度は拝聴したかったがその機会もなく、残念ながらその面ではいささか物足りなく思う。

③ ヘルパーさんたちとはいつも気軽にお客さんのことを話し合う等、お互いにとって良きパートナーであった。最後には別れを惜しんで皆さんから沢山の餞別品も頂いた。いつも楽しい雰囲気を発散させての素晴らしいヘルパーさんたちであった。

※ハスタ㈱は現在営業していません。

第六　東京都社会福祉協議会 福祉サービス第三者評価室

一　福祉サービス第三者評価の仕組み

福祉サービス第三者評価はその名の通り、各福祉施設が行うサービスを第三者の評価機関が行政の定める基準に基づいて調査・評価し、その結果を広く公表する制度である。評価の手順は特養であれば評価者四人で一班とし、事前に施設から提出された資料を検討のうえ、二日訪問してサービス現場・業務資料等を調査し、各担当者と面談する。そして各評価者によるそれぞれ担当分野の評価結果がまとまったところで集まり、評価内容を調整し、そのうえで班のキャップが全体の評価結果報告書をまとめる。そのうえでメンバー揃って再度訪問し、施設長以下職員に集まってもらって評価結果を報告する、という手順である。一施設ほぼ一カ月のサイクルで行う。

都では全施設が毎年この評価を受けることとし、その費用は都が負担する。このことで各施設におけるサービス向上の動機づけとし、広く都民に各施設の評価結果を開示するのである。

東京都社会福祉協議会の福祉サービス第三者評価室専従職員は二人で、スケジュール等全体の調整を行っていた。当初三十人程であった評価者の職名は「第三者評価専門員」とされ、高齢者・児童・障害者等の元施設長が多かった。評価の実務を行うには東京都福祉サービス評価推進機構が行う数日の評価者養成講習の受講が必要で、私は四月早々に済ませた。

二　福祉サービス評価業務のこと

評価で施設を訪問する日は前もって決まり、それに合わせて和光市役所の勤務日を調整して頂いた。そして評価結果報告書の作成とそれの東社協評価室への電送、評価室との相互連絡は、自宅のパソコンとファックスを使い、土・日、昼・夜なしの在宅業務である。

規模が大きく業務が多い特養の評価業務は大変である。特にキャップは班の意見調整と総括、評価書をまとめる等、他のメンバーに比べて業務は多い。そして一件の評価が終わる頃には次の評価施設の事前資料が送られてくる。二年間ほぼ切れ目なしであったが、私は特養十九件とグループホーム一件の評価に関わり、その全てでキャップを担当した。

受審施設に納得される評価結果報告書を示せるかは、評価者の資質、特に班キャップの見識が重要である。評価者が受審施設から信頼・評価されてはじめて第三者評価は意味がある。グループホームでの業務は未経験であったが、そこの管理者から「今までで一番質の高い評価をして頂いた」と、私たちの判断を高く評価して頂いた。利用者・職員の皆さんと喫茶店にも行ったが、私にとってもアットホームな雰囲気のグループホームを知るよい機会であった。

稀だが受審施設の別依頼で、その施設の評価結果について職場研修会講師を頼まれることがある。私は府中市の特養で一度講師を務めた。

三　退職とそれに伴うこと

詳しくは次の「第七」で述べるが、私は平成十七年四月から特養の偕楽園ホームに勤めることになり、同時期に勤めた和光市役所とともに、東社協を三月末で退職することになった。東社協の総務部長に退職を申し出た際、部長は東社協幹部として同ホームの異常な状況をある程度ご存じで、そこに行くことには「すごい決心ですね」と感心されながらも了承して頂いた。

退職後の五月に評価室から評価専門員の研修会講師を頼まれた。広い会議室を一杯にしている受講者を見て、二年間で評価者がこんなに増えたのかと感心した。

作成したばかりの偕楽園ホームの事業計画書を紹介しながら、私が施設長として大切にしていること、そして評価者に大切なこととして、受審施設に評価の視点から良いことは一層自信になるように、足らざることはこれからの改善に「なるほど」と思ってもらえるように、メリハリのある評価を行うことの大切さを話した。制度発足後、介護保険は毎年のように改正があり、介護予防の重視等介護の専門性は格段に向上している。その現場である施設を評価するのに、仮にも以前の施設長感覚で臨むようでは評価者失格であるとも話した。

評価事業所は受審施設が選ぶのだが、評価事業所が増えるに伴い、評価事業所が受審施設から評価されるようになる。一件の評価が終わると東京都福祉サービス評価推進機構から受審施設に評価をした評価事業所についてのアンケートが送られて来る。その回答で評価事業所の見識不足を厳しく書き、評価事業所から謝罪を頂くこともあった。

私のように複数の施設長―評価者―施設長と勤め、その間の施設長時に施行された介護保険への移行業務に取り組んだ評価者は珍しかったであろうが、そのことも評価者、そして次の偕楽園ホーム施設長を勤めるに当たっての自信であった。

私は九年勤めた偕楽園ホームの次に埼玉県のグループホームに勤めたが、その施設の管理者、そして所在市役所の職員はこの制度を殆んど知らなかった。残念ながらこの制度の全国での普及と認知度は低いようである。

なお東社協は他に評価事業所が増えたこと、また中立であるべき東社協がこの事業を行うことに疑義が生じたことで、後にこの評価業務から手を引いた。私自身は東社協という公的な大組織でこの仕事ができたことを幸いに思っている。

東社協と同時期に勤めた和光市役所は、第五のハスタ（株）の項で一部記したように、介護保険サービスの国基準より高い「上出し」及びサービスの種類を広げる「横出し」をして手厚いサービスを行うとともに、サービス実施面でも小都市の利点を生かし、市内の介護支援事業所をきめ細かく指導することで市体のサービス向上に強いリーダーシップを発揮していた。そしてその実働部隊として「長寿あんしん課」に市独自の［基幹型介護支援事業所］を設置し、そこに十人程のケアマネ、それに看護師、管理栄養士、調理師を配置していたが、その一員にいわば万《よろず》担当のケアマネ相談員として私が加わったのである。

私の業務は市内介護支援事業所のケアマネ及び市民からの高齢・障害・生活困難・難病等に関わる万《よろず》相談対応を主に、その他後見人選任、民生委員研修会講師、有識者を交えてのケース検討会等であったが、全般に施設運営に関わることではなかったので、本書では省略する。

第七　社会福祉法人一誠会 偕楽園ホーム

一「偕楽園ホーム」そして死亡事故のこと

偕楽園ホームは医師の新谷《しんや》義克先生が昭和五十五年八王子市郊外の現在地に、社会福祉法人一誠会創設とともに開設した定員百人の特別養護老人ホームである。そして一誠会の初代理事長であった新谷先生は後に理事長の座を身内の方に譲り、岐阜県中津川市と出身地の北海道函館市に順次社会福祉法人を創設し、両法人の理事長として特養をはじめいくつもの高齢者施設を開設した。これら三法人の施設は姉妹施設として今も行事等の際には交流を続けているが、新谷先生はこの三法人、そして結束の強い新谷一族の長《おさ》としていわばその大御所的存在でもある。

後に述べる偕楽園ホームが危機状態にあるとして、私の施設長就任時に一誠会の参与になり、理事会にも出席して折々に助言を頂くようになる。早稲田大学法学部、そして別に医大も卒業した医師として、現在は府中市に開設した新谷医院の院長であり、早稲田大学ラグビー部元ラガーマンという異色の人材でもある。それにしても昭和五十五年当時は、まだ高齢化が顕在化する以前だが、その頃に将来を見越して特養の新設を考えるとは、経営者としても大した先見の明である。ただせっかくのそのDNAが、中津川・函館と異なりこの八王子の一誠会ではそれまでどなたにも受け継がれなかったこと、そして唯一存立が危ぶまれる問題特養を抱えることになったのは誠に遺憾という他ない。

私と一誠会との縁は一件の死亡事故を契機に生じた。私はそれまで当法人・ホームの名前も知らなかったし、八王子の土地との縁も特になかった。

平成十六年十一月、歴史あるこのホームで男性利用者の死亡事故があり、それが男性介護職員の顔面殴打によるとして、翌十七年一月にゴシップ週刊誌の「フライデー」で数ページにわたり大きく取り上げられた。そして直ちに東京都福祉保健局施設指導所管課あげての、課長を含む十数人による特別実地指導検査が二日間にわたり行われた。特養の実地指導検査は普通四人で行われ課長が同行することはまずないのだが、都の所管も全国に知れることになったこの件をそれだけ重く受け止めたのである。最後の課長講評では「このような特養が都内にあるとは誠に恥ずかしい」と声涙下る声で語られたと聞く。

その後都から暗に理事長と施設長の更迭が求められ、理事長は二月に新谷先生の姻族の新谷医院副院長の鈴木康之医師がなった。しかし施設長はなかなか決まらなかった。身近に人材も種切れでなすすべもなかったということであろう。

特別実地指導の結果、二月十八日付都福祉保健局長通知により、施設運営の基本的なことを含む十数項目に及ぶ是正措置指示があり、施設長はそれに基づく改善計画書を一カ月後の提出期限である三月十八日都に持参したが、内容不十分としてその場で突っ返された。そして改善計画書はその後も何方《どなた》によっても何らなされることなく、放置されたまま無責任にも施設長は三月末退職するのだが、この事態に一定の責を負う管理・監督職員の誰もが「我関せず」であったのか、法人・ホーム全体が無責任かつ機能不全に陥っていたのである。

後にこの死亡事故で当法人との民事訴訟の当事者となる亡き利用者の長男・長女から施設長等は悪態の限りで責められ、亡き利用者がそうであったかのように寝かされて殴打される真似をさせられたという。フライデーへの写真を含む情報提供、そして早朝ホーム周辺でホーム非難のビラを撒く等のことも、それだけ当ホームへの怒りが強かったのか、更に欲得が絡んでいたのか……。

これらについて法人また施設として解決の方策ないし展望が全く考えられていないというのも異常だが、全てはいずれ決まるであろう後任施設長待ちということであったのか……。

二　偕楽園ホームとの縁の始まり、そして施設長就任の経緯

二月のいつ頃であったか、特養施設長仲間であったT女史から電話があり、私にその施設長を引き受けるように強く勧められた。「都に対しても信用失墜状況にある施設の全面的立て直し、そして検察・警察の捜査中でもある死亡事故の対応もあり、並の人では到底駄目、佐道さ

んでないと務まらない」と言うのであった。

その翌日、新谷先生の長姉で岐阜県中津川市にある特養「瀬戸の里」施設長の山本女史から同じ趣旨の電話があり、「危機にある偕楽園ホームをどうか救って頂きたい」と、面識もない私に切々と訴えるように話された。そして数日置いてその山本女史から、中津川の銘菓に添えて流れるような達筆の毛筆で書かれた長さ五メートル程もある巻紙が届いた。T女史から私のことをよほど売り込まれたのであろう、「ぜひ引き受けて頂きたい」との真情あふれる文面が縷々綴られていた。

この巻紙のお手紙には率直に感銘を受けた。山本女史は八十歳代ながら元気溌剌《はつらつ》、明治大学法学部卒のキャリアウーマンとT女史から聞いたが、今時このような素晴らしい毛筆の巻紙を長文でお書きになるとは、さぞ和漢に通じた教養豊かな女性であろうと想像を膨らませた。毛筆の巻紙はその後も長文で二通戴《いただ》いたが、いずれもいつまでも眺めていたい筆致と文面であった。後にお聞きしたが、体力・気力もいるので途中幾度も休みながら、仕上げるのに三日程かかるとのことであった。T女史とは高齢者福祉施設全国大会をきっかけに、女性施設長仲間ということで交流されていたようであった。

山本女史についてなお若干紹介させて頂くが、新谷先生は一誠会に続き、山本女史夫君の出身地である中津川市に社会福祉法人五常会を創設し、「瀬戸の里」をはじめいくつもの高齢者施設を開設された。後に私が偕楽園ホームに勤めて間もない頃、中津川近くの瑞浪《みずなみ》市に特養を新設し、私は開設披露会が行われたその特養、そして女史が施設長をされている「瀬戸の里」

にお伺いしたが、改めて岐阜県での五常会の存在の大きさを感じた。

社交的でもある女史は五常会理事長でもある新谷先生のキーパーソンとして、新谷先生の活動全般を支えているのであり、地元で広く知られた名士である。後に地域での高齢者福祉への貢献の功により皇居で叙勲の栄誉を受けられ、記念に私も菊のご紋章で飾られたネクタイピンを頂いた。

更に女史は岐阜県内に留まらず、新谷先生一族の活動全般を目配りし、新谷先生を陰で支える存在である。そしてこの度の一誠会の異常な状況において、肝心の一誠会の理事会・施設長にさほどの危機感がないにもかかわらず、女史一人が新谷先生と鈴木新理事長から当ホームの状況を聞いて危機感をもち、T女史を媒介にして私に前記のような依頼が来た次第。それが私と一誠会との縁の始まりであった。


相手側の情報提供によるのであろうが、フライデーに掲載された当ホームを徹底的に悪者に仕立てた三面記事的内容と、一ページ大の目を背けたくなる死に顔写真に、当ホームに対する相手側の強気、そして欲得を含むえげつなさをストレートに感じた。ただ、最弱者である要介護五の特養入所認知症高齢者への介護職員による業務上暴行殺人というイメージがあまりにも悪い。更には都の特別実地指導検査を受け、それの改善計画書もまともに書けないようでは、法人と施設の運営、並びに利用者サービスといった肝心のことも問題山積であろうことは容易に推測できた。

ただ偕楽園の現状と外からの見方がどうであれ、私自身はそれまで同法人・ホームとの関わりは全くなく、ましてこの事故にも関与していない。従ってこの現状に私には個人責任はなく、そのような白紙の人間が施設の立て直しと事故の対応に当たるのが望ましいことではあった。

事故の件は法的には、直接の行為者であるY元職員の刑法上の責任を問う「刑事」と、その職員の雇用主として当法人が相手側に対して負う損害賠償責任についての「民事」がある。そして「刑事」は病院からの通報により事件直後から検察・警察が現場の捜査とY元職員の取り調べを鋭意行っていたのだが、「民事」は当法人が相手側に対して直接の当事者になる。

あのような情報をゴシップ週刊誌に流す相手方は、それなりの高額な損害賠償請求を考えているに相違ない。とすれば双方譲りあって解決を目指す示談で決着することはまずあり得ず、いずれ示談不調で民事裁判になることは必須であった。

裁判は当然弁護士に委任するのだが、弁護士も介護に関しては全くの素人であろうし、事故の現場は当ホームであり、弁護士任せでは事は進まない。上記のような相手側に対して当方も一定の法律の素養で、福祉施設に素人の弁護士と共同戦線を張れる人物であることが必須であり、僭越《せんえつ》ながらこの分野には私もそれなりの自信はあった。

この間にも両女史から幾度か電話があり、これだけ信頼を寄せて下さるラブコールを無碍《むげ》にするわけにはいかないと思った。同時に困難であるほど好奇心が湧くのも性分である。

二カ所の仕事の合間に妻の運転する車で偕楽園ホームを見に行き、ホーム周辺を歩いた。老朽だが外回りはきれいにしていた。通勤は電車とバスで二時間二十〜三十分で、電車の乗り換えは二回ある。妻は「過労死街道まっしぐらよ」と絶対反対で、この件が話題になると不機嫌になった。またこの頃になって当初熱心に勧めたT女史から、「あまりにも大変なようなので無理をすることはない。佐道さんの名前に傷がつく」と言ってきた。さほどの名前でもないが、いずれも並でない仕事の大変さと私の健康を気遣ってのことであった。

二月のある土曜日の午後、T女史に連絡したうえで府中市の多磨霊園に近い新谷医院に伺い、S理事長と初めてお会いした。そして「偕楽園ホームを良くしたいのでパートナーになってほしい」と真摯に語る熱意と見識に一定の心証を得た。それにしてもその場でお渡しした私の履歴書を簡単に見ただけで質問等も特になくそのように言われることに、山本女史から会ったこともない私のことをよほど吹き込まれているのであろうと推察した。そしてその元の情報源は私と数年の施設長仲間であったT女史である。電話一本で山本女史に私のことをこのように思い込ませるT女史の私への信頼度と山本女史への説得力をあらためて思った。

その数日後、私は妻の了承を得ることなく、鈴木理事長に施設長就任をお受けする旨電話した。都の特別指導下にあると聞く当ホーム運営の諸問題解決、そして裁判闘争になること必須の死亡事故処理のいわば二大課題に、好奇心とともにそれなりの自信も湧いていた。私は印象に残った短歌、詩などを書きとめているのだが、大仰ながら与謝野晶子の「劫初《ごうしょ》より作りいとなむ殿堂にわれも黄金《こがね》の釘一つ打つ」を思った。六十八歳での新たな挑戦であり、スタッフもなく私一人でこの重責に挑む厳しさを思ったが、協調性があるとはいえない私にはこの方が性に合っているということでもあった。

二月も末の小雨降る夕方、勤務先の和光市役所から妻の運転する車で送ってもらい、初対面の新谷先生とその前にお会いした鈴木理事長のご招待で吉祥寺の料理屋に伺った。その席は新谷先生には私の採用面接でもあったであろうが、仕事のこと等固い話は一切なく、終始なごやかな席であった。次々に出てくる山海の珍味は誠に贅沢なもので、施設長としてどの程度仕事ができるかわからない私を心から歓待して下さる心遣いを思い、有り難くご馳走になった。

三月十八日、鈴木理事長、その日初めて会った退任予定の施設長、それに事務長同伴で都福祉保健局指導監査部の所管課に行き、四月から施設長を交代することの報告と挨拶をした。それまでは行っても会ってさえもらえずいわば門前払いであったとのことだが、その日は都側も課長、課長補佐以下が出て、お互い会議室で向かい合った。理事長から経過説明等をしたが、聞いていたそれまでの都側の対応が嘘であったかのような穏やかな対面で、いわば都との関係正常化の日になった。当然だが都側も都OBである私のことは十分承知で、私も所管の部・課には幾人かの知人もいる。ただそのような私的なことはお互い話題にしなかった。

三月二十六日、八王子駅近くのビル会議室で理事会・評議員会が行われ、私は施設長候補の立場で陪席した。四月から施設長が交代する件は質問もなく承認された。年度末で当然議論されるべき新年度の事業計画と予算のことも素通りの印象であった。年間退職介護職員が十数人もいるのは問題ではないかとのいたってもっともな、そして当日唯一の質問には、施設長は全く問題ではないとのピントはずれの回答をしていた。理事会・評議員会に普通は陪席する幹部職員は事務長の他はいなかったが、これでは陪席する必要はないであろう。

死亡事故のことでは事後の報告もなく、雑談的に亡き利用者がいかに粗暴であったか、そしてむしろ施設側が被害者であったといった話ばかりで、ではどうするかといった発言は皆無で、当事者能力以前に当事者意識も感じられなかった。数人の銀行OBにリードされている異様さもあったが、長年施設長と一心同体であった彼らは、挨拶もなく施設長と共に三月末に消えるように退任した。

三　施設長就任に伴う内外のこと

平成十七年四月一日初出勤すると、T女史から立派な花の鉢植えが届けられていた。別に目出度くもないのに、むしろ職員がこれを見てどう思うか当惑感を覚えたが、私への激励と受け止めて電話で謝意をお伝えした。「これからのご苦労を思って贈った」とのことであったが、いつもながらの心遣いの人ではある。

施設長交代を聞いて役員を含めて何人もの方が見え、「早朝、死亡事故に関してホーム非難のビラが撒かれ、職員が拾っていた」「一部役員で今後のことを話し合い、心配していた」等のことを聞いた。いわばマイナス情報が潜行して陰でささやかれていたのだが、しかしそういったことが運営に携わる側に全く伝わっていなかった。そして理事会・評議員会は一見仲良しクラブでありながら実際は如何に風通しがよくなかったかということである。ただ「今になって私にそんなことを話されても……」との思いがしないでもなかった。

次の文書は原文をかなりカットしているが、私にとって初めての四月二十六日の職員会議及び五月二十九日の理事会・評議員会の前に、全役職員に行き渡るように配ったものである。着任早々よくもこれだけあけすけに書いたものだが、ただそのときは関係者全員が社会福祉法人及び特別養護老人ホーム一般の常識から大きくくずれている現状を認識し、以後それを改善していくうえで土俵を同じくすることの必要を考え、僭越《せんえつ》ながら全役職員の意識改革とショック療法の意図もあって書いたものである。あえて紹介する。

平成十六年度事業の総括と十七年度に向けての課題

一　平成十六年度を振り返って

平成十六年度は当法人・ホームにとって問題噴出の年であった。きっかけの死亡事故は不幸であったが、それまでの事故多発の状況に問題意識はなかったのか、そもそも当ホームにリスクマネジメントはあったのか。

都の特別実地指導検査を受けること自体、私も聞いたことのない極めて異例のことだが、その検査による運営・サービス全般にわたる要改善事項の指摘は、基本的ともいえる多くの見直しを迫るものである。

更に都の指摘に関わらないことでも看過できないことは多い。フロアを一見しただけで利用者の生活環境への配慮不足は否めず、清潔、整理・整頓への無頓着、そして臭気が漂う等はご家族、外来者に恥ずかしいともいえる状況である。アメニティー面からの生活環境への配慮はサービスの基本であり、事故の環境要因としても無縁ではない。

ベッド稼働率も他の特養に例のない低水準であるが、このことは経営上のみでなく、多くの公費で運営されている社会の公器としての役割を十分果たしていないことでもある。利用者の重介護化で入院が増えるのはどの特養も同じであり、その状況下でショートステイにより入院による空ベッドを効率的に運用し、稼働率を九十%台後半にするのが通例である。その空床利用ショートステイの実施を平成三年都に届け出ていながら長年行われていなかったのも、(その間の歴代施設長・幹部職員全員が無知・無関心であったのか) 驚くべき異常かつ無責任さである。

もちろん評価できることはある。食事は多様な食事形態ときめ細かい代替食が提供され、豊かな献立の行事食及び選択食を含めて、まずはピカイチである。毎日のホーム喫茶「いこい」は潤いと憩いの場として本ホームの「売り」である。しかし肝心の介護サービス面で事故多発をはじめ諸問題が噴出している現状には、当ホームの看板スローガンである「安心・安全・愛情」が「恥ずかしい」と泣いているのではないか。

二　特別実地指導検査の指摘事項について、改善計画書が未提出であったこと

一月に実施された都の特別実地指導検査の結果について、二月十八日付で福祉保健局長より理事長あてに十数項目におよぶ要改善事項を示した特別実地指導結果通知が出されていた。そして一カ月以内に提出すべき改善計画報告書を、前施設長は提出期限の三月十八日都に持参したが、内容不十分としてその場で受理されなかった。そして無責任にも放置したまま、前施設長は三月末退職した。結局私が全面的に書き直したほぼ十ページの「改善計画報告書（二）」を四月中頃都に持参し、その場でチェックされたうえで受理された。

この報告書は皆さんにも見て頂いたが、失礼ながらこれをまともに書けないということは、特養が行うべきことを全く理解していないということ、しかもそのことへの認識もないということである。

この「改善計画報告書（二）」に記載のとおり、看護係勤務は遅勤務を設定して服薬を夕食後にも行うことにしたのは大きな前進である。その他多くの内実を伴う改善はまだ端緒の段階だが、そのいずれも本法人・ホームとしての公的な責任であり、しかも特養として行うべき当たり前のことばかりである。

この取組みについて追って都の確認検査があるが、これらを着実に実施し、大きく揺らいでいる信頼を取り戻すことが、今当ホームに最も求められていることである。なによりも課題意識が稀薄、ないし皆無であったことを率直に反省し、外圧を課題意識化して内圧と自発性に変える契機にして、前向きに受け止めることである。

三　当面の課題

（一）管理・監督層の職責意識の欠如、併せて配置上の問題

サービス全般で係・職種間の連携が不十分との都の指摘は、調整役の管理・監督層が職責意識をもって機能していないということである。利用者サービスには係・職種間の連携とチームワークは不可欠であり、管理・監督層はそのことに目配りするのが職責である。

ただ従来このことの組織上の問題として、最も大世帯である介護係のリーダーが二、三階を含めて全体で一人配置であり、それも利用者と職員のいる二、三階から離れて一階に席を置いていたが、利用者百人、介護職員三十数人にリーダー一人というのは、他の特養にも例のないスパンコントロール無視の配置であり、サービス軽視と事故多発の要因がこういうところにもあったのである。先般二、三階それぞれに別途リーダーを配置し、従来のリーダーは介護係全体を統括することとして、組織運営の適正化を図ったところである。更に追って二、三階それぞれに副リーダーを置く予定である。

（二）職員資質のこと

サービス水準の確保は実際にそれを担う職員の資質に関わることは当然であり、それには（i）優れた人材の確保、（ii）研修、ＯＪＴ、そして質の高いサービスを目指す施設風土のなかでの育成、（iii）職員定着による介護技術、連携の在り方の蓄積と継承の三要素が機能してのこ

とである。

そして（ⅰ）では介護福祉士養成校の本ホームへの評価と当方の一定の採用条件が前提であるが、本ホームでは有資格者や養成校からの採用を重視せず、そのルートもあるとはいえない。（ⅰ）のそのような状況と（ⅲ）の低い職員定着による退職人員の多さから中堅・指導層は極めて薄く、その結果（ⅱ）の組織としての職員育成力も弱い。それが一層優れた人材の吸引力を弱める悪循環に陥っているのだが、なによりも経営・管理層に職員の専門性を高める意識は皆無で長年それでよしとしてきたのである。そして素人集団の理事会・評議委員会もこのことに無関心であった。

人材はサービス向上の過程で中長期的に育成していくもの、そして我が職場のサービスへの誇りがあってこそ職員は育つのである。

（三）理事会・評議員会・監事の機能不全

理事・評議員・監事は施設運営の基本方針を示し、チェック機能を果たすのが本来の役割だが、長年の経緯もあってか全てを施設長に白紙委任の状態になっていた。更に施設長からの情報提供が不十分で、例の死亡事故のその後のこと、特別実地指導を受けてその結果の改善計画報告書が都に受理されないままであったこともそうだが、不都合なことは全く役員たちに知らされていなかった。それで済むはずはないのにそれをなんとも思わなかったのか。この度のように問題が雪だるまになるだけである。他方でこれら諸々のことの経緯を誰一人確かめようとしなかった役員たち、要するに関係者全員が職責放棄の無責任状態だったのである。

四　職員の資質向上への期待

私はこの度、知人を介しての本法人関係者からの重ねての依頼と、S理事長の「偕楽園ホーム改善のパートナーになってほしい」との言葉に引っ張られるように、介護保険第一号被保険者の年齢（六十五歳以上）でありながら、皆さんと一緒に仕事をすることになった。

私は今迄職場を移るたびに、せっかく縁あって勤める以上、限られた年数のなかでそこをより良くすることをなによりも大切にしてきた。この思いは本ホームにおいても同じである。改善あるのみ、そして地に落ちた本法人とホームへの信頼を取り戻すこと、そのうえで皆さんと次のランナーにバトンを渡したいと思っている。

率直なところ本ホームの現状は、明らか且つ格段に他に例を見ない最低レベルである。理事長・施設長が共に都から失格として退任を求められること自体尋常ではない。ここで働く私たちのプライドとして、早くこの状態から脱して恥ずかしくない、そして更に誇りうる施設にしなければお互いここで働く意義はない。

細部に至るが、皆さんに求めることを記す。

①お互いが現状に麻痺し、又は希望をもてない諦《あきら》めで、異常な状況を漫然と見過ごしていたのではないか。「仕事とは課題を解決すること」である。まず課題意識をもって現状を直視すること。

②社会の公器として、国・都が定める公的な基準のもと、組織として運営する特養サービスを担っていることの意識をお互いがもつこと。変化の激しい制度の動向にも注意が必要―伝える能力のなかった管理者の責任は一層重いが、全体にも無関心ではなかったか。
③転倒・骨折等の事故多発は関係者にはどのような言い訳も通用しない。いかに素晴らしい実践も、事故があると全て吹き飛んでしまう。現状ではモットーである「安心・安全・愛情」を語る資格はない。
④アメニティーは利用者の生活環境として大切なこと。例えば臭気が漂っているのは施設の恥部である。
⑤皆さん一人ひとりの自己啓発を期待する。その一つとして介護の仕事を選んだ以上、せめて介護福祉士の資格を取得しないでは勿体ないではないか。
⑥ただの評論家は無用である。研修に参加しても自己啓発と仕事の実践に繋がらないのであれば参加の意味はない。

介護の仕事に志《こころざし》を抱き、縁あって本ホームに勤める皆さん一人ひとりが、本ホームレベル向上の原動力になって頂くことを切に期待する。そして介護のあり方を真剣に学び、感性を磨き、利用者・ご家族・職員集団ともどもに一見些細なことにも共に喜び、共に悲しむ共感を育むこと、そして公的な介護の理念を念頭に主体的に仕事をすることを通して、皆さんにとってもこのホームが自己啓発と自己実現のステージになることを切に願っている。本法人・ホームが皆さんにそのようなステージを提供するに値するようでなければならないことも当然である。

以　上

四月二十七日、私は最初の職員会議でこの文書の趣旨を話し、最後に「職員が毎月さみだれのように辞め、年に十数人も辞める施設が良い施設になるはずがない。どうか一人も辞めないで一緒に協力して頂きたい」旨を強調した。勤務外を含めて多数出席していたが、咳ひとつなく静かに聴いていた職員からの発言は全くなかった。

だが会議が終わって私が隣の施設長室に戻ると、追うように若くハンサムで見上げるような長身、入職してまだ一年のT介護職員がのそっと入ってきて、「この施設は全体におかしいと思っていたので辞めようかと考えていましたが、今の施設長の話を聞いて辞めないで続ける気持ちになりました」と、ぼそぼそした感じで話した。

「配った文書はどう思った?」と尋ねると、

「どうってないですよ、当たり前のことばかりですよ」と言った。

ここまでの好反応は予想していなかったが、「皆さん良い仕事をしたいのだ」ということをストレートに確認でき、私も勇気をもらった。各係・職場でも皆さんそのように受け止めて話し合われているであろうとも思った。

ホーム・管理者に不信がありながら表立って文句を言わない職員のおとなしさは不思議で

あったが、文句を言うにも値しないと思っていたのか、その前に職場を見捨てて辞めていたのである。採用難の今なら間違いなく倒産である。

五月二十九日の理事会・評議員会でも、何人かからこの文書について評価の言葉を頂いた。新谷先生は姉妹施設の中津川と函館にも送るとのことであった。


次に本ホームのこの異常な状況に関連して、八王子特養施設長会に関わるはなはだ低次元のことを書く。

四月に就任して数日後、八王子特養施設長会会長が来園し、「偕楽園ホームは都の特別実地指導検査で大変な事態と聞くが、よかったら地元都議会議員に頼んで都担当部局に善処するよう働きかけてもらうがどうか」と言うのであった。それに対して「ご心配頂くのは有り難いが、そういうみっともないことをお願いする気はない」と即座にお断りした。特養として為すべきことをすればよいだけのこと。それをろくにできないでこちらが被害者のように伝わっていることに、「やはり」と極めて後味がよくなかった。

この期に及んでなお自分の無能と無責任を認められず、しかも恥ずかしくもなくそれを外で言いふらし、更にそれを真に受けて聴く責任ある立場の施設長がいるのである。ただその施設長には以後なにかとお世話になった。

次に五月六日、八王子特養施設長会に初出席し、続いて行われた交代施設長の歓送迎の席で、ある施設長が私に、「お宅はどちらから来たの？　都から来たのなら承知しない」と真顔で言った。傍に同類と思われる施設長が何人かいたが、私は許し難い発言と受け止め、後ははなはだ低次元の雰囲気になった。

　失礼ながら改善計画報告書もまともに書けない自らの無能を棚に上げ、都の当たり前の指導を「いじめ」であるかのように受け止め、私をそのお先棒のように言いふらすとは落ちるところまで落ちていたということ。それをまともに聞く方も同類である。「こんなところ辞めようかと思っていた」と言う職員とのギャップに最後まで気付くことのなかった、裸の王様でしかなかったのである。

　そしてこれ以後、このようなことを聞くのはぴたりと止んだ。多くの施設長は当ホームの異常性をきちんと見ていたがあえて言わなかっただけで、陰でささやかれていたそのような本音は次第に伝わってくるのである。前施設長は私に言いがかりを言った施設長の元でしばらく勤めていたが、「類は友を呼ぶ」の類《たぐい》だったのであろう。

　私が来ていなければ、本法人・ホームはなくなっていたのではないかと職員達で話し合われていたと後に聞いた。この異常な事態を、むしろ職員たちの方が、経営層より敏感に感じていたのである。

四　「一般実地指導検査」並びに「特別実地指導検査結果改善の確認検査」、そしてそのことに付随すること

七月四、五日の二日間、都の四人による一般実地指導検査が行われた。これは全施設が原則二年ごとに受ける通常の実地指導検査で、特別実地指導検査があったかには関係なく行われる。そして私が就任して三カ月にして、文書指摘がなく終わった。実地指導検査で文書指摘がないというのは、私の長年の施設長勤務でそうは経験していない。あまりにもでき過ぎの結果であり、そして幸先の良いスタートであった。

次いで九月五日、四人が来園し、前記の四月に提出した特別実地指導検査結果の改善計画（二）について、その取り組みの確認検査が行われた。そしてそこでも文書指摘はなく、全て改善計画（二）どおり行われていて全く問題なしとされた。あの一月以降の混乱は何であったのか。これも信じられないほどの出来過ぎの結果であった。私の就任四月以降の全職員の頑張りの成果であり、まさに組織全体の突然変異ともいえる意識改革に伴うものであるが、「課題を示し、皆で協力して本気でやれば全て改善出来る」ということを実績で示したのであった。それにしてもこれほどの変革は稀有なことではないか。

これで一月の特別指導検査に関わる一連のことは満点の成果で終了し、都の後見状態からも脱して、新たな出発点に立てたのである。検査班リーダーの課長補佐から四月以降の取組みに

高い評価を頂くとともに、この間相当無理を重ねてきたのではと思われてか、「くれぐれもお体を大切に、まだ先は長いですから」とねぎらわれた。

以下は特別実地指導検査結果に付随することだが、都独自の制度で「特別養護老人ホーム経営支援補助金」というのがある。これの創設では私も「第二万寿園」在職時に都高齢者福祉施設協議会会員として都議会各会派への要請活動に参加していたが、これはその名のとおり、措置制度から介護保険制度に移行するに伴い、特に大都市の東京では特養の経営難が予想されたことから、平成十二年度介護保険施行年度より都が民間特養に支給することになった経営支援補助金である。ただ不祥事があった特養は対象外になるということで、特別実地指導を受けていた偕楽園ホームは一月以後補助対象外になっていた。それがこの確認検査で正常化が認められたことで支給停止が解除され、十月から支給されることになったのである。本ホームは当時年額約七百六十万円であったが、十二年度は四〜九月の上半期分、三百八十万円マイナスのダメージに軽減されたのは不幸中の幸いであった。

あと一つの都補助金として、骨折事故が多いことから利用者の居室がある二、三階全面の床を約一千万円の工事費でソフトフロアにすることを計画し、六月にこのための都中規模工事費補助金を申請してほぼ内定の見通しを得ていた。しかし後に、旧知の担当係長から今回は特別実地指導の件で認められない旨電話があった。いろいろ影響するものである。ただこの工事は事故防止のため待ったなしで必要と考え、後に書くように補助なしで予定通り実施した。

更に毎年度指導検査担当部から「指導検査結果報告書」が印刷・配布されるが、改善を要する施設として本ホームが数ページにわたり記載されたのは不名誉なことであった。

一月・七月・九月の一連の指導検査には、都養育院で旧知のH女史が特別専門員として加わっていたが、その彼女から九月の確認検査直後に頂いた私信の冒頭部分を、前記の状況理解の一助として紹介させて頂く。

検査へのご協力ありがとうございました。

本当に大きく変化している……これが都庁側の感想です。

施設長のリーダーシップがこんなに大きなものかということを再認識しています。職員の皆さんの表情が全く違っていた……私どもの印象です。相談員もケアマネも介護職員たちも生き生きとして、やる気が感じられました。以前には見られなかった表情です。佐道施設長を信頼し、安心してついていけば良い施設になる、新たな一歩をみんなで作っていこう、そんなふうに考えているのではないでしょうか。

それがケアプラン、介護記録、日常のサービスなど全てに反映しているように思います。次に伺う時が楽しみ……担当者たちの声です。

これからの課題は、利用者の方々の表情を今以上によくしていくことではないかと考えます。日常生活の中で利用者の方とどのように触れ合っていくか、例えばフロア五十人の集団をその日勤務している職員でケアするというのではなく、小さなグループで職員が利用者に寄り添うという過ごし方は如何でしょうか……。

これで特別実地指導に始まる都との一連のことは、百点満点のこれ以上ないでき過ぎともいえる結果で終わったのである。そして四月から続く、その延長線上での法人・ホーム全体の一層の改善に関わる取り組みについては、次の「五」以下で詳述する。

また前記私信の利用者サービスに関する助言については、後日H女史を職場研修会の講師に招いて詳しく話して頂き、認知症の利用者が多い二階でグループケアとして実施していくことになった。

五　職制及び職員のこと

(一) サービス向上への実践的取り組み、そしてそれに伴う職員の意識改革

職制としては、部長級として管理部門には銀行OBの事務長、介護・福祉部門には二人のチーフリーダー、そして係長級として介護、看護、食事の各係にリーダーがいた。そして看護係と食事係は有能なリーダーのもと高い水準でサービスが行われていたが、特養として中核の介護・福祉部門が、組織及び職員のモラルを含めて全く機能不全状態であった。施設長が都に持参した特別実地指導検査結果改善計画書が受理されない状況においてもチーフ、リーダーの

誰もが「我関せず」であったのか、結局誰によっても作成されなかったことは、一及び三で記したがいわば職制崩壊状況であったということである。

※チーフリーダー、リーダー等のカタカナ言葉は、このことに限らず前施設長の好みだったようだが、早くに部長、課長、係長等に改めた。以後はこの職名による。

職務知識についても、施設長以下全員が感心するほど無知であった。私が就任して数日後、ほぼ一年入院してホームに退院し、その数日後に亡くなる利用者がいたが、そのベッドが入院の一年間空床のままであったというのも考えられないことであった。三カ月以内の退院が見込めない場合は、その利用者を退所措置にして次の入所者を迎えることは厚労省の通達で認められているいわば常識だが、施設長以下誰も「こんなことも知らなかったの」とあらためて思った次第、更に入院の期間に関係なく、ショートステイの利用者を迎えてベッドの有効活用を図ることも当然のこと、しかも空床型短期入所を実施することは、平成三年都に届け出ていたのである。このようなことも歴代施設長を含めて誰の頭にもなかったのか、偕楽園ホームは長年にわたり素人の無責任集団であったと言う他ない。これほどひどいとは私も知るところではなかったが、この体質を改善するために私は来たと思うのみであった。

しかし幸いに皆さんの頭の切り替えは早く、瞬く間に私への施設長の交代に順応してくれた。私もそれまでの状況を変えるには、百の講釈よりも職員と一体感をもって取り組むことがなによりも効果的と考え、日々部長、係長たちとミーティングしながら、都提出の改善計画報告書に記載のこと、次項「六」の各事項をスタッフと共に取り組んだ。そしてスタッフの皆さんはそれまで仕事をすること、学ぶことに飢えていたことの反動であるかのように、私と一心同体になって取り組んでくれた。

三十歳代ながら職場で一番の先輩格であるS部長はいわば義侠心に乗るタイプだが、私が言ったことの全てについて先頭に立って職員へのリーダーシップを発揮してくれた。彼の執務室は私の施設長室と玄関ロビーを挟んで反対側にありやや離れていたが、日に何度も小走りで来ることは職員たちに知られたことであった。就任翌月の五月から始めた毎週水曜午後六時半からの職場研修会で、講師を務めた彼の興に乗っての熱弁が夜の九時を過ぎても止まらず、ストップということもあった。

全職員を巻き込んだこの状況は、前掲のH女史の私信に、「職員の皆さんの表情が全く違ってきた……」と記されたとおりであり、このような皆さんの熱気を伴った頑張りで、「四」で記したように一般指導検査並びに特別指導検査結果確認検査のいずれもが満点の結果で終わり、次の「六」で記すように、多くの課題が次々と実施できたのである。

(二) 職員との個別面談、そして職員の定着と資格取得の広がり

着任して早い時期から主な職員と順次面接したが、皆さん明るい表情でフランクに経歴、入職の動機等を話してくれた。進路に迷ってということもあってか、転職を含めて大学卒や専門学校卒がほとんどであったが、なによりも皆さんの素直さに伸びる素質と可能性を感じ、将来への希望を持てた。

そして当時の職員はほぼ全員、辞めることなく定着して育った。介護福祉士は一般職員で当時二、三人だったが、二、三年でほとんどの職員が資格を取得し、ケアマネ資格も何人かが得た。そして中堅・幹部職員になって昇進してもいる。それまではせっかくのそのような人材を勿体なくもスポイルさせ、辞める気にさせていたのである。

ただ例外はいる。介護福祉士・ケアマネ有資格で、経験・年齢も早くに中核になっていてもよい工業大学卒の男性介護職員がいた。以前フロア勤務であったが協調性がなく、誰もが一匹狼の彼とペアを組むのを嫌がったとのこと。前施設長は彼を別格扱いにしてフロアに配置することなく、機能訓練室で利用者にナツメロを聴かせるようなことをしていた。かっこよくいえば回想法だが、それだけに専任でいるのは勿体ないことである。介護係長が私のところに来て、「彼のことは自分にはどうしようもできないので施設長に全てお願いします。人事考課も出来ません」と言った。

彼を二回呼んで長時間話し合った。「今のままではこのホームでのあなたの存在意義はない。せめて協調性を身に付けてフロアでローテ勤務に入るように」等。そして「今行っていることも大切な仕事です」には、「ボランティアがする程度のこと、正職員が専任ですることではない」と言った。最初はいろいろ反論してノートにメモを取っていたが次第に反論もしなくなり、メモも取らなくなった。そして数日して退職届を持ってきた。退職日にはスーツ姿で施設長室に来て、私にだけきちんと挨拶をした。しかし他の誰にも挨拶をせず、私一人が彼を玄関で見送った。まともな組織であればあり得ない荒治療をしたものだが、異議は誰からもなかった。

「よくぞ追放してくれた」ということではなかったか。

六　職員資質及び利用者サービス向上への全園的ムーブメント

（一）基本方針の明示及び事業計画書の作成

この「六」をやや大仰なタイトルにしたが、それだけ皆さんがムーブメントともいえる状況で本項記載の各事項がほぼ同時進行で予期以上に進んだということである。

「安心・安全・愛情」は以前から当法人のスローガンだが、介護保険制度下でこの文言だけが施設運営と利用者サービスの指針ではいかにも物足りない。そこでこのスローガンとセットにすべく、六項目の基本方針を定めた。そして「安心・安全・愛情」を全体の理念とし、この六項目の基本方針とセットにして、本法人・ホームが目指す旗印とした。基本方針は施設運営とサービスのエッセンスと考えられる事項を要約して作成したものである。

九年を経て私の後任者により基本方針は「品質方針」となり、文言も一部変わったが、基本的には全く同じである。それを紹介する。

理念

安心・安全・愛情

品質方針

一　私たちは、関係法令・基準を遵守し、コンプライアンスを尊重した運営を行います。

二　私たちは、ご利用者が個人の尊厳を保持しながら、「その人らしさ」を大切にした自立した生活を地域社会で営むことができるよう援助します。

三　私たちは、ご利用者の意思と可能性を尊重し、一人ひとりの「生活の質」の向上をサービス目標とし、その人に応じた多様な介護サービスの提供とその継続的改善に努めます。

四　私たちは、事業の高い公共性と倫理性を自覚し、開かれた施設運営と経営の透明性に努めます。

五　私たちは、地域社会への貢献と共生に努めます。

六　私たちは、広い専門性と高い視野を備えた職員資質の向上に努めます。

それまでの事業計画書は二ページのほぼ項目の羅列であり、特養の事業計画書としては例のない簡素さであった。事業計画書はその年度の事業と業務の文字通り計画書であり、資金計画である予算書とセットをなすものである。

前施設長による事業計画書と予算は三月の理事会で承認されていたが、あらためて前記の

「理念」と「基本方針」を冒頭に掲げた事業計画書を数十頁に書き、五月理事会で予算書とともに再承認を得た。全職員に配り職員会議で説明したが、役職員にとってこのようなものを目にするのは初めてであったという。一つ一つが実物教育であった。

(二) 制度化された加算サービスはその時点から全て実施すること

ア 栄養マネジメント

就任翌年の平成十八年度実施の制度改正では介護予防が重視されたが、それまで聞き慣れない介護予防とは要介護状態が進むのをできるだけ防ぎ、健康長寿を長く保つための取り組みのことである。「食事・入浴・排泄」が三大介護とされてきたそれまではさほど意識されないサービスであった。そしてその介護予防として栄養摂取、機能訓練、口腔ケアに関するサービスが加算サービスとして実施されることになったが、その一つの栄養マネジメント加算サービスが半年前倒しで十七年十月から実施されることになった。

このため管理栄養士は早くから全利用者の栄養状況アセスメント及び栄養ケア計画作成等の準備を進め、全ご家族への書類送付を事務職員も動員して期限の十月内に終えた。そして制度発足の十月から完全実施できたのだが、加算サービスを行うことは介護サービスの質と職員の専門性の向上、そして介護収入確保のためにも極めて重要なのである。

同じ食事関係でも療養食加算は原則通り十八年度実施であった。

イ　機能訓練及び口腔ケア関連サービス

介護予防として機能訓練及び口腔ケアの分野では、個別機能訓練加算、日常生活継続支援加算、経口維持加算、経口移行加算、口腔機能維持管理加算等が実績に応じて計上されることになった。

これらの機能訓練はそれまでの機能訓練のように機能訓練室で理学療法士とマッサージ師が行えばよいというのではなく、利用者ごとのアセスメント（評価）に基づいてそれぞれの利用者に必要なサービスをフロアでの日課に組み込み、介護、福祉指導、看護師、理学療法士、マッサージ師等の各職種が専門性を伴って連携と協業のもとに行うのである。更に口腔ケアでは歯科医との連携が必須である。

そしてこれらが定着する過程では、次の「(三)」で紹介する各委員会及び研修会を舞台にして、各職種職員が時には夜遅くまで学び、専門的技能を身に付けていくのだが、そこでリーダーシップを発揮した中核職員の牽引力、協力歯科医療機関及び介護用品専門業者等の指導により、瞬く間にフロアで高いレベルの各種介護予防サービスが日常的に行われるようになった。そしてそれが専門性向上への職員の張り合いであり、誇りになっていった。

ウ　看取り介護

以前から行われていた本ホームでいうターミナルケアは文書による手順等の定めもなく、ホームでの自然死を安易にターミナルケアとしていたようなものであった。前施設長の考えで行われていたとのことだが、前期の特別実地指導検査当日朝早くに亡くなった利用者のご遺体が当然のようにそのまま置かれていたこともあり、検査時の講評で本ホームでのターミナルケアの不当を指摘されて以後行われなくなったのは当然であった。

前記の介護予防サービスとともに十八年四月実施が制度化された看取り介護については早くに「看取り介護に関する指針」を作成して理念、手順等を研修で周知し、理事長が医学的見地からの研修を行った。併せて全ご家族にもお知らせしたが、たまたま制度開始の四月に亡くなられた方についてご家族の同意のもと初めての指針に則っての看取り介護を行い、ご家族からも高い評価を頂いた。以後定着して行われているが、このことでは理事長が嘱託医であることは非常に恵まれていることである。

(三) 各サービスの指針作成、委員会設置及び研修会実施

ア 指針作成

指針は各サービスの趣旨と手順を定めたマニュアルでもあるが、前記の「看取り介護に関する指針」に続き、「機能訓練に関する指針」「口腔ケアに関する指針」「リスクマネジメントに関する指針」「苦情処理に関する指針」「身体拘束廃止についての指針」「食中毒の予防及び蔓延防止のための指針」「事故の法による解決の指針」「虐待防止法について」等を次々作成し、それぞれについて次項イの委員会及びウの研修会で周知した。

イ　委員会の設置

委員会は既存で必置の「安全衛生委員会」「防災委員会」のほか、サービス分野等に応じて「排泄委員会」「入浴委員会」「食事委員会」「機能訓練委員会」「口腔ケア委員会」「身体拘束廃止委員会」「黎明編集委員会」、そして後に「サービスマナー委員会」を設置し、各係から委員を出して原則毎月開催した。そして各委員会の委員が次第に次に述べる研修会の講師を務めるようになり、結果として各委員会で検討したサービス向上策が研修会を通して全体に広がる役割を果たした。

ウ　研修会の毎週実施

就任翌月の五月から研修会を始めた。講師は原則職員なので「勉強会」の名前で始めたが、次第に研修会と言うようになった。原則毎週水曜日の午後六時半から一時間半～二時間、テーマは全サービスにおよび、一応年度計画で毎回のテーマを決めたが、ただ加算サービスその他時の課題が入ったり外部講師研修が加わったりで、変更することも多かった。ローテ職場でできるだけ多くの職員が参加できるように同じ内容で二回行うのを原則にしたが、従って月に二テーマ、年間で二十テーマを超す分野に及んだ。入浴の研修会では入浴パートさんたちも一緒で、途中で浴室に移ってのにぎやかな実践研修になった。

高輪会・サンフラワー八王子歯科さんによる口腔ケア研修では、口腔内吸引給水ブラッシング器を持ち込んでの実習があり、その結果「これはぜひ欲しい」との職員の声に押されるように、高価であったが二、三階別に購入した。それが活用されて利用者サービスが上がれば職員のモラル、そして専門性向上への誇りも目に見えて上がるのである。

介護用品の（株）サカイ・ヘルスケアーさんによる研修では、専門学校で教壇に立たれている作業療法士（OT）をはじめ何人もの社員さんが見え、時に利用者さんにも協力頂いて、耐圧分散マット及びクッションを使用しての褥瘡《じょくそう》（床ずれ）を予防するポジショニング研修、車いす等での座位に関するシーティング研修を文字通りの実践研修で学んだ。

ユニ・チャームメンリッケのアドバイザーさんによる排泄に関する研修では、職員が交互に利用者役になっての実践研修が行われた。

※これらの外部講師による研修については、第二部でも個別に紹介している。

東京都高齢者福祉施設協議会が主催する高齢者福祉施設実践・研究発表大会「アクティブ福祉in東京」にも毎年各サービス分野からのテーマで発表した。大会が近づくと関係職員は夜遅くまで発表内容を検討し合ったが、ホームとしても実践してきたことをあらためて広い視野で検討し、評価する機会でもあった。

研修会は後年マンネリ感も生じたが、私の在任中は最後まで続いた。第三者評価では「特に良いこと」として毎回評価され、外来者からは「素晴らしい実践、よく続きますね」と感心された。これだけ学ぶことに熱心な施設は他にまずなかったであろうが、それが当ホームでできたのはかつての反動もあって、職員たちが良い仕事をできるようでありたい、そのため学ぶことに乾いたスポンジのようであったためであっただろう。皆さん若くて素直であった。

更に敷衍《ふえん》すれば、前記したように制度化された加算サービスは全てを即実施する方針、各サービスの指針作成、活発な委員会活動、そして外部専門分野関係者の協力を得ての熱気ある研修会の四点セットが、どん底状態であった職員のモラル、サービス水準及び職員資質を、いわば脱皮したかのように向上するうえで大きく寄与したのである。まさにスパイラルであり、ともに少々大袈裟に表現させて頂けば全職員を巻き込んだムーブメントではなかったか。ともに「ここまで皆さんに乗ってもらえるとは」との思いであった。私はまともな時間に帰れないのがお決まりであったが、皆さんには駅まで送ってもらう等気を使ってもらうことが多かった。

(四) 情報開示及び苦情処理のこと

情報保護法施行に伴い、情報管理に関する規程を整備した。それとともに情報のオープン化として、一階喫茶コーナー横に細やかだが情報コーナーを設け、諸規程と各サービス指針、第三者評価結果報告書、東社協と八王子市の広報資料、それに定期購入を始めた介護月刊誌を置いた。

苦情処理をオープンにする趣旨で「苦情処理の取り扱いに関する指針」を定め、その要旨を情報コーナーに掲示した。また苦情申し出があった場合は第三者委員を含む苦情処理委員会で検討し、その結果の文書を苦情申し出者に送付するとともに、プライバシーに留意して掲示することとした。病院でもそのような掲示を見かけることがある。

ただこのような取り扱いには副作用も伴う。以前からなにかと職員人事やホームの運営事項に絡んでくる入所者の娘夫婦がいた。夫は元警察官の八王子行政書士会副会長で、市の行政相談員でもある。ある時期からご家族のサービスと関係のない苦情申し出文書を連発するようになった。当時映画にもなったクレイマー・クレイマーである。それに対して数件分の回答文書を渡し、プライバシーを伏せて情報コーナーに掲示した。毎日来ていた妻は担当介護職員の前で大泣きして悔しがった。それでも絡むのがやまないため、例の死亡事故で当初前施設長が委任していた地元の弁護士に相談し、相手に業務妨害停止通告文書を出してもらった。相手も弁護士を立て、以後業務妨害をしないことを約した。

にもかかわらずその後相手は、苦情処理の上部組織である東京都国民健康保険連合会に同じ苦情を申し出た。その国保連から担当課長ほか数人が見えたので、当方も主な職員が同席し、典型的なクレイマーである相手の不当を話した。相手の一方的な言い分だけに基づく当方に是正を求める文書を持ってきたが、相手方の言い分だけによるそのようなものを受け取るいわれはないと言ってお持ち帰り頂いた。中立であるべき国保連が理不尽なクレイマーの言うままに動くとはとんでもないこと、一層増長させるのみと強く話した。

国保連はその後相手を説得したとのことで、以後クレームはやんだ。妻の父親である利用者はその後他施設に移り、程なくして亡くなった。理不尽な相手には隙を見せない、中途半端な妥協はしないということであり、「お客様は神様です」も相手によりけりである。

同席した職員は「国保連の人たち、何しに来たのかわからない」等と話していた。国保連の担当部署では私のことは後まで語り草になったようである。
なお私の在任中に苦情申し出があったのはこの件のみである。

（五）床のソフトフロアへの張り替え工事及び玄関ロビー喫茶コーナーの整備

転倒による骨折事故が前年度十数件あったが、私が就任した四月～五月にも続けてあり、その対策は急務であった。そしてハードの対策として、居室のある二、三階の床全面を転倒時の衝撃を軽くするようにソフトフロアに張り替える工事、並びに二、三階職員室の食堂側壁を撤去してカウンターを設置し、職員室から食堂と廊下への見通しを良くする工事を行った。当初予定していた都の中規模修繕工事費補助は「四」の特別実地指導の項で書いた経緯で白紙になり、約一千万円の工事費を全額ホーム負担で行った。

そして職員室から食堂・廊下への見通しが良くなったこと、張り替え素材の改善で床が滑りにくくなったこと、床がソフトになって転倒時の衝撃が弱くなったこと、そして職員の丁寧な見守りもあって転倒・骨折は目に見えて減少した。更に食堂側に設置したカウンターは何かと便利、そしてソフトフロアを明るい色調にしたことで、居室を含むフロア全体が見違えるように明るくなった。

この工事を行うことに付随し、スタッフ用の仮眠室の模様替えを行うか等をフロアミーティングで遅くまで話し合ったが、フロアミーティングに施設長が加わることはそれまでなかったとのことであった。

更に玄関ロビーの喫茶コーナーを、亡くなった利用者の遺言で頂いた寄付金を活用して簡単な調理をできるようにしたが、このことで「喫茶いこい」のメニューを増やせるようになり、更に利用者の「調理レクリエーション」に活用できるようになったことも好評であった。

(六) 助成によるチェアイン浴槽・電動ベッド・福祉自動車・車いす等の整備・購入、そして石森八王子市長のことなど

施設長就任初年度、赤い羽根共同募金会の助成でチェアイン浴槽を設置できたことは皆さんの喜びも大きかった。ベッド式浴槽、リフト浴槽、一般浴槽(後に廃止)にこのチェアイン浴槽が加わり、浴室には特養で必要とする浴槽が勢揃いしたのだが、当時の特養でこれだけ整備できたのは珍しいことであった。

当時ベッドは老朽品が多く、電動ベッドは僅かしかなかった。これを全て電動ベッドに更新することを計画してこれも共同募金会にお願いした結果、二年に分けて助成を頂くことでこの計画を実現できた。福祉自動車と車いす三十七台購入は馬主協会の助成によるものであった。

当時は障害者施設をはじめ福祉施設が急増し、助成を受けるのが次第に厳しくなっていたが、私は第二万寿園の頃から助成申請の常連でそれぞれの助成団体に顔馴染みであったこと、送っていた広報紙「黎明」が好印象で読まれていたこと等で「よく頑張っている」ということであったのであろう、まずは効率よく助成を頂けた。私も助成を頂くことが仕事への熱意が認められたようであり、達成感でもあった。民間施設では助成の活用なくしては十分な整備は困

難というのが長年施設運営に携わっての実感でもある。職員から「施設長が代わるとどうしてこんなに次々と整備が進んで……」と言われたりもしたが、私も新米施設長ではない自負があった。とともにそれまでの施設長に誰一人このような知恵がなかったことを残念に思った。

一階ロビーにあるピアノは、長年法要でお世話になっていた（有）高雄のY社長より頂いたものである。それまで寄贈の申し出に前施設長は、「置く場所がない」と断っていたとのことだが、改めての私への申し出に即飛びつき、運搬費込みで頂いたものである。音楽ボランティア等でおおいに活用されているが、このような厚意は長く記憶に留め置くべきことと思う。

なおY氏には、当法人、更に中津川の五常会とも創立当初から仕事を離れて何かとお世話になっており、その長年の関わりで両法人のことは全てをご存じの生き字引でもある。私の就任時には早くにお見えになり、それまでのことを多岐にわたり教えて頂いた。そして当時欠員であった理事の適任者をご相談したところ、当時都議会議員であった石森孝志八王子市長をご紹介頂いた。

石森市長にはそのような経緯で、都議会議員から市長になられるまで（私の退職時とほぼ同じ時期だが）理事をお務め頂いたが、その間多忙な与党幹事長をされながら、時には議会開会中にもその合間を縫って理事会にご出席頂いた。私は石森市長が出られる講演会、パーティー等にはほとんど出席していたが、シンポジウムの壇上で氏とご一緒する人たちからも、氏の政・官界を含む人脈の広さに感心していた。市長選挙の公約であった政令指定都市に関する講演会には長期在任の大物であったI元官房副長官を講師に呼ばれていたが、市長になられて一年で八王子市を政令指定都市にされたのも、幅広い人脈にもよる氏の功績であろう。

出席した会などで終了後、氏は必ず壇上の前に出て大声で「施設長！」と両手を上げて声を掛けて下さる気さくさもあったが、私も氏の親しみやすい誠実なお人柄にはいつもシンパシーを感じていたものである。

（七）空床型短期入所（ショートステイ）の開設並びに居宅介護支援事業所の開設

平成三年にせっかく都に届け出ていながら長年実施していなかった空床利用短期入所を、遅ればせながら平成十八年度から実施した。このことは「三」及び「五の（一）」でも記したが、前施設長のみでなく届け出以後十数年の歴代施設長どなたも頭になかったのであろう。その無作為責任は軽くないと思うが、要するに特養の経営については皆さん素人同然だったのである。

次いで設置の手続きを進めていた居宅介護支援事業所を平成十九年一月開設した。ケアマネの届け出は私を含めて三人だが、当初の実働は一人である。管理者には特養と兼務で私が就任した。

事業所開設は当然ながら早いほど有利である。介護保険施行後七年近く経ての後発では、当然ながら地域のニーズは先発事業所で押さえられている。介護保険施行後まだ間がなかった頃の、私がハスタ（株）でできたようなケース急増は困難であった。八王子郊外で人口密度が薄いこともあるがケアプラン増は遅々とし、ケアマネ実働が二人体制になったのは平成二十四年であった。やっと後発を脱したと思ったものである。

居宅介護支援事業所には事務室の他に相談室が必置である。そこで施設長室を居宅介護支援事業所にしてそこに相談室を置き、施設長室は廃止して私は事務室に移った。余裕があるとはいえない事務室であったが、その前に事務長が退職してその席が空席になり、私が事実上事務長を兼務していたからできたことである。そして後に居宅介護支援事業所は「初音の杜」の事務室に移った。

(八) 給与規程の全面改正

当時の給与はポイント制というもので、前施設長が何年か前に業者に委託して作成したとのことであった。職員のその年度の給与はそれぞれの職員の人事考課に基づき、各職員に付与されるポイント数により決まるというものである。従って定期昇給といったものはなく、職員は将来の見通しも持てない。ベンチャー企業には向いているかもしれないが、長期の安定経営が前提の社会福祉法人ではまず例がなく、私にははなはだ奇異に思えた。

ポイント制とワンセットで行われていたリーダー等上位者が記入する人事考課票は、私が都在職時に書いていた職員の人事考課票以上に精緻なものであった。昇給額は施設長、最終的には理事長が決めるポイント数により決まるが、一ポイント当たりの昇給額は少額、しかもそのポイント数は職員には自分の給料を手にするまでわからない。

都内の社会福祉法人では、東京都社会福祉協議会が東京都職員の給料表を修正して作成する標準給料表に基づき各法人が作成するのが一般的で、基本的には公務員方式である。前施設長はそのことを知ったうえでそのベンチャー流のポイント制を導入したのか？　おそらく最新式の人事管理方式として、彼と銀行ＯＢ理事たちの好みだったのであろう。

私は基本的には安定的な公務員方式によることとし、東社協の標準給料表に準じて作成することにした。そしてもたつきながらも、実務はＫ事務員がパソコンで特に中長期の昇給カーブの調整などに苦心して作成し、やや遅くなったが全面改訂として平成十九年度からの実施にこぎつけた。結果として給与のベース及び諸手当は若干増額し、人事考課票は廃止した。職員が定着している状況で定期昇給も定かでないそれまでの給与制度では、職員はいずれ爆発したであろう。

（九）自衛消防審査会の毎年出場

八王子消防署が主催し、市役所、ＪＲ八王子駅、オリンパス等市内各事業所が編成する自衛消防隊三十数チームが出場して防災の技を競う自衛消防審査会が、毎年七月当ホームに近い創価大学グランドで行われる。当ホームはそれまで出場していなかったが、私の就任年度からホームの自衛消防強化を目的として、男子隊と女子隊が毎年交互に、それも全員初出場職員による隊編成で出場することとした。防災担当のＭケアマネが出場職員の指導を担当し、地域の消防団幹部であるＳ部長も手伝い、大会二カ月程前からほぼ連日、一階廊下で勤務をやりくりしての猛訓練を行うのがこの時期の恒例になった。

自衛消防力の強化が目的で毎年初出場職員のみによる隊編成だから、十数年で職員の大半が出場することになり、このことによる自衛消防力強化の効果は非常に大きいといえた。更に優勝が目的ではないとはいえ、出る以上は受賞を目指す欲が出てくるもの、後に男子隊が敢闘賞を受賞し、女子隊も入賞したのは見事であった。

(十) 広報紙「黎明」の刷新

それまでの季刊広報紙「黎明」はB5白黒四ページであったが、内容及び情報量ともに一層充実すべく、A4カラーで原則三倍の十二ページにした。その文章の一部は「第二部」で紹介しているが、この「黎明」による当法人・ホームとご家族、地域、介護職員養成校、助成団体等との架け橋の役割は格段に向上したと思う。

業者印刷からホーム内印刷に変え、印刷を担当したS部長は夜遅くまで大変であったが、編集がやり易くなるメリットは大きかった。一面の看板写真をどれにするかなど結構楽しい雰囲気の編集委員会であったが、このような作業は好きでないとおざなりになるもの、編集委員の皆さんは誰もそうはならなかった。ご家族、クラブ講師、職員等から素晴らしい原稿が寄せられるのも楽しみであった。

(十一) 地域との関わり

八王子郊外の山里に囲まれたやや高台にあるホームからは近くに梅林の広がりが見え、春には鶯の啼き声が一日中聞こえる、まさに「梅に鶯」の環境である。以前は養蚕農家が多かったとのことで、若干の桑畑に今もその名残を留めていた。

当ホームは地元宮下町会の特別会員でありながら、日常的には地域との交わりは薄かった。特に死亡事故で中傷のビラが撒かれた等のこともあり、不審な見方もあってそれどころではなかったであろう。

近くに住む町会長は名望家で、地域や学校のいろいろな役員を兼ねていた。私は折々に伺い、町会組織や主な旧家のこと、古くからの地元若松神社の由来、最近も発見される遺跡のこと等を教えて頂いた。そして夏祭り等ホームの行事にはご挨拶を頂くようになった。

さまざまな地域との交流は「第二部」でも紹介しているが、近くに住む旧家の大地主さんからは季節ごとに柿、ブルーベリー、野菜等の収穫にご招待頂いた。町会婦人部の皆さんの踊りや楽器演奏はお互いの楽しみであった。町会の盆踊りや滝山城址公園での花見等には利用者・ご家族の皆さんを車でピストン輸送して参加した。些細なことだが町会内の葬儀には私は全て出席した。このような地域との交わりが深まったことで、地域の皆さんのボランティアは年々増えた。

（十二）全面的体質改善に伴う成果

毎月のようにあった骨折事故はほとんどなくなった。九十%ないしそれ以下であったベッド稼働率は九十八〜九十九%を維持するようになった。職員は辞めなくなり、何よりも全てに前向きになった。介護職員の採用は原則として介護専門学校卒の介護福祉士とし、四年制大学介護福祉科卒業生も採用した。長テーブルを並べた会議室でリクルートルックの応募学生が筆記試験に臨むのを職員が見るのは初めてで、職員間で話題になった。

以上が私の本ホーム当初一～二年の概略であるが、この間の本ホーム体質改善の成果は私の予想をはるかに超えるものであった。それは「三」で紹介した私の着任当初の文書と四月の職員会議をも契機にした、それまで学び、良い仕事をすることに飢えていたことの反動でもあるかのような、全職員の将にムーブメントを伴った前向きな姿勢への変わりようによるものであった。それが半年足らずして、「文書指摘事項なし」の二回の実地指導検査結果にも示されたのである。「職員の誇りが目に見えて上がった」とは外来者の声でもあったが、ただあえて言えば、それ以前があまりにも異常だったのである。

私を本ホームに招き入れるきっかけであったT女史から電話があり、中津川の山本女史が「佐道さんが素晴らしくよくやってくれているのでお願いした私も鼻が高い」と語っていたと聞いたのはこの頃であったか。山本女史から同趣旨が書かれた例の毛筆の巻紙も頂いた。

初年度十一月十二日の私の七十歳の誕生日、退庁時近くに一階の皆さんが私に内々に施設長室前に集まり、お祝いとして新潟名産和菓子の両手で抱えるような箱入りセットを皆さんの拍手で贈られたのは、一生に一度あるかないかの予想もしないハプニングであった。高齢で遠路を通勤することのねぎらい、そしてこれからも元気に勤めるようにとの励ましであったのであろうが、ここまで私に期待しているとは、まさに施設長冥利に尽きる思いであった。

七　利用者の死亡事故に伴うこと

（一）事故の概要と検察・警察の捜査―主に刑事について

事故が起きたのは私が就任する前年の平成十六年十一月のこと。Y男性介護職員が、粗暴で体力抜群ともいえる男性利用者を居室のベッド上で足側から全介助によりおむつ交換をしていた際、その利用者にはよくあることだが、いわゆる突然キレて興奮状態になった。そして暴れてY職員を殴り、蹴ろうとするその利用者の両腕を強く握り、互いに全身の力で押し合う状態になったが、その際Y職員の手が利用者の腕から外れてその弾みで利用者の頬《ほお》を直撃することになり、頬部を挫傷した。そしてその数時間後容態が急変し、看護師の指示で救急搬送されたが、病院で死亡したものである。Y職員はその後程なくして退職し、以後当ホームとの接触を忌避して、私は彼と会う機会もなかった。

この件は法的には「二」で書いたように、直接の加害行為者であるY元職員の刑事責任と、Y元職員の雇用主として相手方に対して損害賠償責任を負う当法人の民事責任がある。そしてY元職員の刑事については病院からの通報により、東京地方検察庁立川支部と八王子警察署が鋭意捜査を進めていた。被疑者の立場にあるY元職員はもちろんのこと、施設長、介護職員、看護師たちは地検に呼ばれて聴取を受け、ホームでの現場検証があり、介護日誌、看護日誌、Y元職員の介護服、亡き利用者が使用していたベッド等が押収されていた。

そしてY元職員に刑事責任有りとなれば検察は起訴して刑事裁判に移るのだが、これらの捜査により、私が最大論点と考える亡き利用者の狂暴な人物像、そして施設長によるリスクマネジメント上の問題の二点が明らかになることを期待した。そのことがY元職員の刑事責任を考えるうえで決定的に重要であった。

私は職員たちから面識のないY元職員のこと、そしてそれまでの経緯を聴き、ケース記録等を読んで、この件のだいたいのことは承知した。就任後は私がこの件の窓口だが、警察署のベテラン捜査係長とはざっくばらんに、むしろ何でも話し合った。介護職員の仕事の大変さ、しかし多くの職員は利用者との関わりと介護の仕事にやりがいと誇りをもって働いていること、この度のY元職員も介護を一生の仕事とするべく励み、そのことは広く職員たちにも周知であったこと、亡き利用者は職員への暴行の常習者で、そのため以前いた施設と病院のいずれからも追い出された人物であったが、その性癖を事前調査で十分承知していながら前施設長は受け入れたこと、そして亡き利用者は相変わらず暴行を重ねていたにもかかわらず、前施設長は何の対策も行わなかったこと。このような状況は、いつ殴られるかもしれない恐怖で亡き利用者を介護しなければならない、女性を含む職員のことを全く考えないということで、施設長のあり方として考えられない等を話した。その結果誠実な一人の介護職員の人生を狂わせてしまった、しかし直接の行為者でない前施設長は何の責任も問われない。よく言われることだが本当の責任者は直接の行為者の背後にいるのである。

私は早くから前施設長がこの件の最大戦犯と考えていた。そしてそのような職員にとって厳しい事件の背景は、Y元職員の情状酌量として非常に大きいと考えた。またこの度の暴行の際の状況を知れば知るほど、Y元職員にとってこの結果は避けられなかったのではないか、とすればY元職員が不起訴になる可能性は十分あり、そのようにもっていく責任は当法人にもある。私は事情聴取の対象ではないながら、折々にこのことを（検察官に伝わることも期待して）捜査係長に話した。

※なお事件・事故のいずれの呼称かについては、刑事については検察・警察の捜査が行われているので事件とし、民事については事故とする。

（二）当法人が当事者である民事について——当方の弁護士交代

Y元職員の刑事責任は検察・警察の捜査に委ねられるので、以下、当法人の民事責任、具体的には亡き利用者家族（長男と長女）への損害賠償（慰謝料）について述べる。

弁護は前施設長により地元八王子市の弁護士に委任していたが、しばらく様子を見るとのことで特に何もなされていなかった。ただこの死亡事故の重大性から当方が全く責任なしで済むことはあり得ず、いずれそれなりの損害賠償責任を負うことを考え、当法人が損害賠償保険契約を締結している「あいおい損害保険株式会社」に事故の詳細を電話と文書で報告した。併せて同社の提携法律事務所を紹介して頂くことをお願いした。

重大事故の際はこれが常識であり、それを損保会社に報告もせず、その損保会社と全く関係のない弁護士に頼んでいるとは素人感覚そのものである。せっかく契約していたあいおい損保との損害賠償保険契約のことも、誰も思い浮かばなかったのであろうか。そしてそれまでの八王子の弁護士には、事故以降の相談料を支払ったうえで委任を解除した。そしてあいおい損保に紹介して頂いた、同社提携の中央区の法律事務所に以後この件のお世話になることになった。その弁護士費用といずれ支払うことになる損害賠償費用は、当然損保契約を締結しているあいおい損保から支払われることになる。それまでの弁護士費用はムダであった。

銀行OBの事務長や大学教授を含む立派な経歴の理事を含めて、当法人にはこのようないわば常識ともいえることを助言できる人物は一人もいなかったのか。都の特別実地指導検査についてと同じく、この件についても当法人は全くの無責任集団であった。

(三) 相手からの損害賠償請求、そして双方の弁護士体制

この件について、私の就任後先方からの動きは特になく、当方も相手に対しては様子見状態であった。私も前述の都の特別指導検査やサービス改善業務に忙殺され、この件は気にしながらも、先方の動きがあるまで静観するつもりでいた。

それが私が施設長に就任して一年二カ月経った平成十八年六月十二日、先方の法律事務所から六月九日付書留内容証明郵便で、理事長宛て損害賠償請求書が送られてきた。いよいよ来る

ものが来たということだが、請求金額は亡き利用者の慰謝料が四千万円、本請求通知人である亡き利用者の長女の慰謝料が七百万円、合計四千七百万円で、二週間以内の回答を求めるものであった。ただこの期限は当方からの資料要求等のやり取りもあってかなり延びることになる。

幸いにも当方の弁護士が交代して間もない時期であり、さっそく六月十九日、あいおい損保の担当であるサービスセンター所長及び担当職員に同行し、以後お世話になる中央区の法律事務所に伺った。初対面した貫禄ある所長弁護士から開口一番、「これは駄目ですよ、明らかに当方が不利ですよ」と言われ、私はそれに対して「それでは困ります、そう単純ではなんです」というようなことを言った。「フライデー」を読んでのことであろうが、経験豊富な所長弁護士でさえそのように語ることに、弁護士任せにすることなく当方がよほどしっかりしなければならないと、その後の厳しさを思った。

担当のY弁護士は司法修習生を終えてまだ間がないと思える若さで、おとなしく物静かであった。福祉・介護に疎いのは当然として、弁護士経験は浅いながら真面目で誠実な人柄を感じ、以後お互いパートナーとして進めるにはそれで十分と思った。

この件は前記の所長弁護士の言のように、全体の印象では明らかに先方が有利、当方が不利であった。そもそも若く元気な男性介護職員が、要介護5で認知症の特養入所高齢者を殴打したことで死亡したというのだから、誰が考えても当方の印象は非常に悪い。

後に先方から損害賠償請求の資料として送られてきた元東京都監察医務院長による死体検案

書では、「死体は嘘をつかない」との名文句まで書き添え、死に至る的確でもある殴打の強さを「迷いのない故意による」とし、業務上暴行殺人と断定しているのであった。率直に言ってこれは非常に重い証拠資料であり、相手方はこれを最大の根拠にして、以後一貫して当方が如何に悪質であるかを主張するのであった。当方が勝つには諸々の証拠でこれをひっくり返さなければならないのであり、極めて厳しいところからのスタートであった。

この件は理論・理屈の争いというより、①亡き利用者の極めて強力な身体能力と狂暴で異常な人間性、②事実上密室での事故時の凄惨ともいえるバトルの状況、③Y元職員の介護職員としての優れた人間性と介護能力、この三点を、証言・証拠・具体的資料に基づいて如何に法廷で示していくかが勝負である。

そしてそのことでは事故現場は当方のホームであり、証拠物件・資料も当方のみにある。証人になる職員も当方のみに揃っていて、しかも全員介護・看護職のプロである。しかし先方にはそれらが全くなく、亡き利用者についても家族が語る客観的とはいえないことに頼るのみである。事実の証拠・証言収集も全くできず、従ってこれから始まる法廷闘争では、僭越《せんえつ》ながら先ほどの所長弁護士の「明らかに当方が不利ですよ」との言とは反対に、「明らかに当方が有利、先方は決定的に不利」なのである。Y弁護士にはその趣旨を話し、証言を含む証拠集めは当方ホーム職員が最大限行うことを話した。地の利、人の利は当方にのみあり、相手側に全くないことは、程なく弁論書類で明らかになるのであった。

穏やかでおとなしいY弁護士は自分から意見等を話すことはあまりないが、私の言うことはよく聴いて頂いた。公判が始まって毎月裁判所に提出する陳述書等は、私がせっせと書いて送る案文を参考にして作成していた。後に述べる相手方の弁護士とは正反対で、弁護士としては珍しいタイプではなかったか。

あいおい損保の担当所長と職員はいつもY弁護士に同行し、打ち合わせも一緒であったが、立場上黒子役を任じていたのか、意見を言うことはほとんどなかった。

相手方は同じく中央区にある法律事務所で、本件担当弁護士は三人。それだけ先方の意気込みは強かったということである。それは極めて挑戦的ともいえる先方の訴状と、以後毎回の陳述書にもあらわれていた。しかし先方には前述のようにバックアップ体制は皆無、証拠・証人は全く用意できず、事故現場を見ることもできない。特養の現実を知ろうともしない先方は、最後まで事実に基づく主張・反論は全くできなかった。基本である証拠実証主義とは無縁の、はなはだプロらしくない弁論に終始した。結局は「フライデー」の一方的な内容の三文記事と、虚偽を語る長男・長女に最後まで踊らされていたのである。

なおY元職員には年配の女性弁護士が付いていたが、その弁護士と当方が交わることは全くなかった。一度だけその弁護士にY元職員のことを電話で尋ねたことがあるが、守秘義務を理由に断られた。事故現場の当ホームを見ることもなかった。

事故後、前施設長は非常識にもY元職員を責めるような対応をしたことで、Y元職員と担当弁護士は当ホームへの印象を非常に悪くしていると聞いていた。事件そのことのうえに前施設長からの非難で傷つけられたY元職員は本当に気の毒であった。最も辛い立場にあるY元職員に対して前施設長は「大変な目にあわせて申し訳なかった」と謝らなければならない立場なのである。それが出来ないのは、自分の責任も考えられない人間性の欠如という他ない。

(四) 民事裁判の経緯

ア 示談の不調、そして民事裁判に移行

先方からの四千七百万円の損害賠償請求は業務上暴行殺人を前提にしたもので、当然同意できるものではない。また賠償額が公正・妥当であることは、損保会社としても信用の基礎ともいえる重要事項である。あいおい損保も独自の実地調査として、平成十八年十一月十一日数人で当ホームにみえた。実地検分し、日誌等資料を調べ、私を含む職員から聴取もした。そしてそれ以後の弁護士との協議には、それまでのセンター所長とともに、賠償額査定担当の調査室長も同席するようになった。ただこの間のことはあまりに煩雑でもあり、以下省略する。

当方からの資料請求、先方との若干のやり取りの期間をおいて、平成十九年十月四日、先方より損害賠償の請求額を二週間以内に支払うようにとの最後の催告書が来た。十月十二日当方関係者で協議し、十月二十二日、当方からは当初の示談で示した額と同額の七百万円を支払う内容の回答書を送付した。基本的な違いは、先方は当方の行為を「悪質な故意」とするのに対

し、当方は「たまたまのアクシデントによる偶発的な事故の結果」とするものである。当然故意・過失ともみない。七百万円は亡き利用者が亡くなったことへの長男・長女への慰謝料というべきものである。

当然のように示談は不調になり、相手側の訴えで以後民事裁判に移ることになった。先方が最も頼りにする死体検案書、そして家族の言による強気一方の先方と当方との差はあまりに大きく、証拠で争う裁判で決着をつけるというのは当方既定の方針であった。以前知人の弁護士から聞いた、「弁護士にはバトルで臨む闘争心が不可欠」との言葉が頭にあり、年齢にしては青二才であった私も、「これからが本番」との思いを強くした。

第一回公判は平成二十年四月十五日にあり、以後公判は原則月一回のペースで行われた。霞が関にある東京地方裁判所の玄関では来庁者全員の持ち物検査が行われた。裁判所前では毎回数十人が集まり、のぼりを立ててアジテーションのような演説が行われていたが、持ち物検査も法廷での不測の事態を防ぐということなのであろう。以後ほぼ二年に及ぶ東京地裁通いが始まったが、併せて二十数回通ったことになる。閉廷後には次に備えての打ち合わせをした。

法廷の一段高い正面は裁判長を真ん中にした三人の裁判官席で、その下向かって左側の先方原告席には三人の弁護士が並び、右側の当方被告席にはY弁護士一人である。傍聴席には毎回亡き利用者の長男と長女、そしてそれ以外に報道関係者なのか数人がいた。

裁判官席後ろの両開き扉が開いて裁判長以下三人の裁判官が入廷するときは、全員起立して迎える。テレビで見る法廷ドラマどおりである。

民事訴訟の法廷は裁判長による双方提出の書類の確認・整理と、次回への進行管理の場である。初回は原告側の訴状に対して、当方被告側提出の反論の陳述書、証拠資料を確認する、以後交互に陳述書―反論の陳述書の繰り返しである。従ってテレビで見る刑事法廷のように、検察官と弁護士が丁々発止するようなことはなかった。第三者にはわかりにくいのではないか。

それにしても原告弁護士は訴訟に勝つためには言葉を選ばずということであろう、当方の人格を愚弄するような実に下品な表現を使った。歪んだエリート意識というべきか、介護職員・介護職場への蔑視があからさまで、不愉快を通り越して彼らの人格への軽蔑の念しか起こらなかった。介護の分野を知らないのは止むを得ないとして、それなら例えば実際に介護施設を見るなどして少しは知る努力をするべきであり、そのために依頼人から三人分の高額な報酬も得ているのである。それもしないで机上で書いた的外れの非難・中傷を繰り返すのみ、当方の陳述書から事実を知ろうとする謙虚さもない。

ただ予想どおり、実証性と具体性のなさが相手の最大の弱点であることを一層露呈し、精神衛生上は至ってよくないが恐れるに足らずとの思いを一層強くした。私も毎月数ページの反論の陳述書案文を自宅のパソコンで作成し、関係資料と共にY弁護士に送った。

例えば亡き利用者は後に述べるように通常の高齢者像とは全く異なり、その極めて狂暴・強烈・突発性は通常の説明では理解できないほどである。原告側家族はその実際を知らないはずはないにもかかわらず、原告側は一貫して「要介護5の判断能力のない無力な老人」とする。

他方で当方のY元職員については「簡単に切れて暴力を振るう卑劣な青年」とする。ただこのようなワンパターンな表現で言うのみで、その実際を証拠や証人で示すことは出来ない。それが相手側の決定的な弱点であった。

裁判では現場に白紙の裁判官に「真実はそうであったのか」とわかってもらえるように、事実を証拠で示していくことが勝負である（証拠心証主義）。刑事では検察・警察が捜査で強制的に証拠を得るのだが、民事では当事者がそれを示すことになる。

そこで当初原告から提出された訴状で攻撃の的にされている、次項「イ」に記載の各論点について、亡き利用者と日頃の介護で関わりのあった十一人の現ホーム介護職員に実際の状況を含む反論の陳述書資料を具体的に書いてもらい、次の法廷で提出した。それに対して原告側は次の法廷で「あり得ない」「針小棒大の誇張」「場当たり的な責任逃れの虚言を無批判に採用」等と、証拠もなく、言葉の限りで否定する反論の陳述書を出してくる。都合が悪ければ「否認《ひにん》乃至《ないし》不知」の連発である。弁護士は具体的な根拠・資料もなしにこんな下品な言葉を使うのかと感心したが、それについても再度・再再度と、職員にその反論・再反論を書いてもらった。私もその度に反論の総括陳述書を書いたが、同じ状況の反論を繰り返して書く苦労を職員から聞いた。わかろうとしない相手との応酬の繰り返しで、精神衛生は極めて良くないが、ただ事実に基づかない相手の反論は何の意味もない。相手のその具体性のなさを次の反論の陳述書で、職員も私も繰り返し書いた。

あくまで引き下がることなくこれを繰り返すには、前述のように切れることのない闘争心の持続が必要である。偉そうに書くようだが、私は当方職員集団の総指揮官のつもりであった。事実を知っているのは当方のみであり、それを知ろうともしない三人もいる原告弁護士には絶対に負けない自負心もあった。

亡き利用者の特異で強力な頭突き・膝蹴り・足蹴り・殴打・その他の暴行それぞれの件数とその具体的状況を、「暴行被害アンケート」でまとめて提出した。暴行被害は毎日一～二件、それもその都度、集中的に行われた。前施設長の認識は、「日々それに相対しなければならない職員はそれを甘受するのが当然の職務である」ということであったのか。しかも後述する亡き利用者の暴行による女性介護職員の労務災害救急入院があった後も全く変わらずこの状況が続く。全くひどい話、そしてひどい職場であった。そして職員は毎月のように辞めていたのである。

Y弁護士に亡き利用者の暴行の様子と、その状況下で介護をすることの困難と危険をわかってもらうため、数人の職員と中央区の法律事務所に行き、その様子を実演してもらった。Y弁護士も「これはひどい、大変だったんですね」と感心していたが、法廷でも実演したいほどであった。

イ　主な論点、そして公判のこと

本件の主な論点は以下に順次述べる四点であるが、その第一の論点は亡き利用者の特異な人物像についてである。相手側の主張と決定的に異なる本件で最重要な論点でもある。

原告側が提出した要介護認定審査会の資料では、亡き利用者は、「左半身麻痺、アルツハイマー型痴呆で要介護5」といたって簡単である。要介護認定調査は、私は「ハスタ」でのケアマネ業務で行い、「第二万寿園」勤務時には介護認定審査会委員もしていたが、認知症の日頃の症状や〈きれる〉等の突発的状況は家族が正直に話さない限りわからないこともある。原告側は長男・長女の言によるのであろうが、一貫して「意思疎通困難でほぼ寝たきり、脆弱で力強さは皆無の無力な高齢者」とした。

実際はどうであったか。本件での亡き利用者へのY元職員の介助時の状況を、沢田部長が書いた陳述書により記す。

i　足側からベッド上での全介助でおむつ交換をしている最中、おむつを開いたところで亡き利用者が突然不穏状態になった。度々あることだがいわゆるキレた状態になった。

ii　おむつには大便が出ていて放置できないため、あたたかいタオルで拭きながら「もうすぐ終わりますからね」と声を掛け、おむつを交換するため亡き利用者の上に身を乗り出すようにして介助を続けた。

iii　突然亡き利用者が狂暴になり、顔と上半身を上げるようにして、健側の右手でY元職員の介護衣の後ろ襟首の部分をつかみ、強力に自分の方に引き寄せながら右足でY元職員の腹部を三回、四回と膝蹴りした。

Y元職員は亡き利用者の急激に引き寄せる力の腕力に抗し、左手をベッド上について体を支え、右手の甲で亡き利用者の上げようとする上半身と顔面等を押さえつけるようになった。Y元職員は亡き利用者に強力に引きつけられて膝蹴りされ、更に接近状態になった亡き利用者からの頭突き、歯で噛む等の危険から抜け出そうとし、突っぱねたり払いのけようとしたり押し合ったりする状況になった。更に右手で亡き利用者の腕をつかんで激しい突っ張り合いになったが、その過程で抗しきれずに握った手が離れ、反動で顔面への打撲になったものである。

敷衍《ふえん》すると、亡き利用者がY元職員を強烈に引き寄せて膝で蹴りあげる等の状況から抜け出すため、また頭突きや歯で噛まれるのを避けるため、左手で亡き利用者が上げようとする顔と上半身を押さえ、右手で亡き利用者が引き寄せたり突き上げたりする腕を懸命に握って暴行を防ごうとし、押したり引いたりしていた過程で、亡き利用者の狂暴な力に抗しきれずに右手が外れ、亡き利用者の力の反作用として、いわばその強さが結果として、亡き利用者の顔面にY元職員の手が強い力として加わったものである。

繰り返すが亡き利用者の稀にみる粗暴ともいえる暴力により陥った緊急事態から懸命に抜け出す過程で、しかも亡き利用者の狂暴な力の反作用の結果として生じた、不可避ともいえるものであった。

更に別件で、亡き利用者の暴力により労務災害になった件を紹介する。若い女性介護職員がおむつ交換中に腕をつかまれた状態で腹部を膝蹴り・足蹴りされ、ベッド脇にしゃがみ込んで泣いて苦しんでいる上から、更に強力なパンチで頭、首を殴打し続けた。そして女性職員はそれによる打撲傷等で救急入院したものである。

これ以上事例を持ち出すまでもなく、「意思疎通困難でほぼ寝たきり、脆弱で力強さは皆無の無力な高齢者」でこのようなことができるのか。この件では書類が捏造であるとして原告は鬼の首を取ったような書き方で反論したが、上部機関である東京労働基準監督局の書類を再提出したことで事実を証明した。さすがにこれには反論はなかった。

亡き利用者の身長は一六〇センチだが、体格・骨格はがっしりし、いかつい顔つきからも威圧感があり、平均身長一五七センチの当ホーム男性利用者の中では大柄であった。このことを書いたことに対しても原告は全国平均身長数値表を出して、この程度では大柄ではない、「針小棒大の誇張」「言うに事欠いての苦しまぎれの言い訳に過ぎない」等と書く。全国平均と特養入所者では高齢者の身体像は違うのである。

それにしてもよくもここまで低劣な言葉が次々出てくるものだと思った。まして原告は身内として亡き利用者が凶暴さゆえにそれ以前の施設・病院を追い出されたことを知っているのであり、それでいて「意思疎通困難でほぼ寝たきり、脆弱で力強さは皆無の無力な高齢者」と事実に反する弁論を繰り返すとは、極めて悪質といわざるを得ない。

第二の論点は民事の本件としては傍論としてだが、死亡の直接の原因となったY元職員の行為を刑事責任としてはどうみるかである。原告側は、最初は無力・無抵抗の高齢者に対する「憤怒と軽蔑の念」に駆られての「卑劣な殺人」とした。そして訴訟途中で、第一の論点での利用者の粗暴さをある程度認めざるを得ないとしてか「未必の故意」とし、以後そのことは最後まで変えなかった。先方にはそのことが最後の防衛線だったのであろう。

激しい抵抗・攻撃を抑えるため、相手が死亡するかもしれない、又は死亡しても止むを得ないと思いながらあえて行った行為の結果については「未必の故意」である。激しい抵抗・攻撃に対して我が身を守るためもあり、結果として過剰な反撃となって死亡した場合は「過剰防衛による過失」である。更に相手の反撃を避け、我が身を守るため意図しない行為により起こった結果については「正当防衛」で責任はない。危難を避けるため不可避的に起こったことについては「緊急避難」で同じく責任はない。

当方は最後まで「利用者の厳しい抵抗のなかで不可避的に生じたハプニングによる」とし、陳述書でも一貫してこの表現であった。要するに故意・過失による事件とはみないのである。

後に述べる本件の和解条項文にはこれらの表現はないが、和解文書の内容は当方の主張が前提になっている。またY元職員の刑事は民事のこの件が裁判上の和解になった後に不起訴になったが、これは検察・警察の捜査の結果、刑事責任としては故意でも過失でもない、即ち事件ではないということである。だからといって民事責任の有無は別の問題である。

第三の論点は直接の行為者であるY元職員の人物像、そしてそのことと関連するが特養介護職員一般に対する理解である。

職員が書いた多くの陳述書には、Y元職員が介護を一生の仕事とし、いつも変わらぬ真摯な姿勢で介護に取り組んでいたこと、そして多くの利用者から親しまれていた明るい好青年であったことなどありのままが書かれていた。それに対して原告側は、当法人職員たちの陳述書どおりであれば「被告Yは余人を以て代え難い優秀な職員であったことになる」と皮肉っぽく書き、「被告一誠会の職員らは、被告一誠会に責任が及ばないように口裏を合わせて虚偽を述べるべき定型的動機を有する」と文字通り一蹴した言葉で返すのみ。あくまでY元職員を「ストレスで簡単に切れて憤怒の念に駆られる卑劣な人物」とし、「憤怒の念に駆られ、瞬間的に未必的な殺意を抱いて」「極悪卑劣な暴行におよんだ」とする主張を最後まで変えなかった。

幸いにして当方職員には「口裏を合わせて虚偽を述べるべき定型的動機」云々は関係ないし、そのような職場風土でもない。原告が提出したものは、ただ一つの証拠もない、悪意に満ちた創作文であった。

更に当方が陳述書で、介護職員一般が抱く介護への志《こころざし》、一人ひとりの利用者を大切にする思い、当ホームの事業計画書を提出してサービスの基本方針等を説明したのに対し、それを「偽善」の一言で原告は一蹴した。そしておむつ交換を「腰に負担がかかる重労働」「心理的に抵抗感の強い作業」「介護職員に精神的ストレスが溜まっていることが問題視されている」「偽善を我慢して行っている」等々、もっぱら負のイメージで強調した。そしてY元職員の亡き利用者への介助がその朝の業務の最初であったにもかかわらず、「相当ストレスが溜まっていて切れた結果暴行におよんだ」とのストーリーに作り上げていた。

さすがに私も介護現場の仕事を「偽善」視することには「憤怒と軽蔑の念」を覚え、次の陳述書案文で「高齢社会を支える介護現場の仕事蔑視は許されることではない」と厳しく書いた。上から目線も不愉快だが、「問題視されている」というのも勝手な創作である。世のため人のため誇りとやりがいをもって生涯続ける職業は多いのであり、そこには人への敬意と思いやりを伴っている。それをこのように蔑視するとは到底許されることではない。まさに歪んだ職業観、そして福祉社会を否定するものでもあった。

相手の証拠価値を少しでも下げようとするのが弁護士の定型的動機であるとしても、弁護士とはここまで悪知恵を働かせ、証拠もなく相手を、そしてその職業を侮辱する下品なストーリーを作る連中なのか。まさに原告が言う「言うに事欠いての苦しまぎれの言いがかり」ばかりである。まして弁護士本来の証拠を積み重ねることは全くできていない。さすがにおとなしいY弁護士も次の弁論書で諌めていた。

私はそれまで裁判に関わったことも弁護士のお世話になったこともなかったが、正義を目指す知識層と見られているこの業界で、相手の人格・職業を貶《おとし》める言辞がここまで横行しているとすれば、一般に考えられている弁護士倫理は空文でしかないのかとさえ思った。

第四の論点は亡き利用者長女の人物像である。長女は父である亡き利用者を幼い頃から慕い、亡き利用者が高齢で不自由になってからも大事に世話をしていたというのが訴状で書かれた長女像であった。しかし長女の当ホームでの面会は一回のみであり、その前の病院・施設での家族の面会は皆無というのが病院・施設の説明と記録であった。少なくとも亡き利用者を終生慕い、不自由になった晩年も大事に世話をしていたとは到底言えない。更に長男は長女以上に疎遠だったのである。

亡き利用者の人物像と状況を十分知っていながら、「寝たきりの無力な老人」としか言わないのは何故か。以前入院・入所していた病院・施設を職員への暴力が原因で追い出されたのをどう受け止めているのか。「フライデー」や一部新聞に一方的な情報を流してきた意図は何であったのか。そうまでして高額な損害賠償を求めていたのか。裁判上の和解においても最後までごねていたのである。そしてそのような長男・長女の思惑に、先方の法律事務所とどんぐり頭の弁護士たちは安易にも乗せられ、踊らされていたのである。

ただ裁判所で毎月顔を合わせる長女は、何故か私にはきちんと挨拶をする礼儀正しさであった。いつかは「ネクタイが曲がっていますよ」と笑顔で注意してくれた。私がこの事件とは無関係であったためか……。

ウ　裁判上の和解による決着

平成二十一年十一月十八日、裁判長より原告・被告交互に呼ばれ、裁判上の和解を打診された。私も同席した。そして双方とも和解の方向で解決することを了承した。裁判上の和解は判決と同じ効力を有するのである。原告側としても控訴して高等裁判所に持ち込んでも、原告側に有利な材料が出てくる見込みはないということであったろう。

しかしそれから原告側が裁判所の提示する和解案に同意するまでが大変であった。十二月二十四日、翌年二月四日と裁判所による双方への和解の聴取が続いたが、その間の具体的なことはここでは触れない。ただ最終段階で当方も一定の譲歩をした。そして平成二十二年三月九日、裁判所が提示した最終の和解案を原告側も受け入れ、和解の示唆から四カ月近くを経てようやく決着したのである。実際をわかろうとしない原告側長男・長女の和解提示案への強い不満が伝わっていただけに、和解成立には率直に安堵した。そしてこの結果に導いた裁判官の粘り強い努力にはただ敬服であった。原告側にとっては、この件を裁判にまで持ち込んだ意味のほとんどない、見込み違いの結果でしかなかったのである。

(五) Y元職員の不起訴、そしてY元職員のその後のこと

Y元職員の刑事については、民事和解成立の翌月の平成二十二年四月、東京地検立川支部より不起訴の決定が出た。

五年半に及ぶ検察・警察の厳正な捜査で刑事責任なしとされたのは、本件は故意・過失のいずれによるものでもないということで、このことは民事で当方が「利用者の厳しい抵抗のなかで不可避的に生じたハプニングによる」としてきたことが正論であったということである。そして「(二)」で最大の論点として指摘した、亡き利用者の狂暴な人物像、そして前施設長によ

るリスクマネジメント無策の二点が、捜査で明らかになった結果でもあった。

実はその少し前、看護師が地検立川支部に重ねて呼ばれて事情聴取を受けたが、事件時の看護師の対応にも好意的であったとのことであった。検察と連携して捜査に当たっていた警察署の捜査係長からも起訴に当たっての問題をそれなりに聴いていたので、不起訴はある程度予測していたことではあった。捜査係長はベッド等押収物件を返しに来たとき、「起訴になっていたら施設長にこっぴどく叱られていた」と言って笑っていたが、印象に残る好人物であった。

原告弁護団はこういった情報ルートもなく、現場や事実の確認もせず、机上で当方非難の意味のない罵詈雑言《ばりぞうごん》を書くのみではなかったか。そして民事・刑事は相互不関与ながら、この不起訴をどう受け止めたか。原告側の思惑どおりであれば不起訴はあり得ないことであり、彼らはプロではあるまじき、全く見込み違いの一人芝居を演じていたのである。


反対に民事裁判で当方が原告側の求めたままの高額の損害賠償金を支払うことになっていたら、当方は一体何をしていたのかということになる。はなはだみっともないことである。Y元職員を守るため、本ホームの名誉のため、そしてなによりも真実と正義を通すため、皆で一致団結よく頑張ったと我ながら思う。

Y元職員は事件後の前施設長の対応で本ホームへの不信を強め、以後ホームに来ることはなかった。私も彼に会っている職員に手紙を託し、彼に会うことを願いながらその機会は持てなかった。彼は事件以後家業を手伝っていたが、彼は介護を一生の仕事にするつもりだったのであり、その意味でこの件は彼の人生を大きく狂わせた。名誉は守れたが、その犠牲は取り戻せないのである。

この間、一部の新聞、テレビ局からこの件の取材申し出があったが全て断っていた。報道されることでこの件が世間に伝わることを危惧したからである。「独自に取材する」と言って帰った社もあったが、長男・長女から詳しく情報提供を受けていると話す社もあった。そして不起訴によりこの件の報道価値がなくなったのは幸いであった。

(六) 裁判を振り返って思うこと

原告側は裁判を起こすに当たり、当然勝てると過信していたであろう。原告が依頼した元東京都医務監察院長による死体検案書では、「(三)」で記したようにY元職員の行為を「たまたまといった偶発性とか過失ではあり得ない、殴打するという明確な意思による的確で強い力が顔面に衝撃で加えられたことによる、殺意による殺人」と断定していた。そして先方の訴状は百%これに依拠していたのである。元東京都医務監察院長に鑑定を頼むとはそう安くない費用であり、先方のこの件への意気込みが窺えた。私も繰り返し読んだが、説得力のある立派な検案書である。掲載されている何枚もの写真はいずれも目を背けたくなるものばかりで、衝撃の強さは「写真が全てを物語る」と本文で書かれているとおりである。

しかしこの件の誘因である、その衝撃が加わるまでベッド上で繰り広げられた亡き利用者によるあまりにも異常で強烈な暴行の状況、それを防ごうと奮闘するY元職員の懸命の防御努力、亡き利用者が暴力を振るう際の類《たぐい》まれな体力・威力と粗暴な人間性については、どのような優れた鑑定医でもわからない。その事実を解明するのは法律家の仕事であり、そのことを原告側弁護士は三人もいながらわかろうとしなかった。はなはだプロらしくない、最初の思い込みの落とし穴からなかなか抜け出せなかったのである。

更に繰り返すようだが、原告側は長男・長女が亡き利用者の実際を知らないはずはないにもかかわらず、「ほぼ寝たきり、脆弱で力強さは皆無の無力な高齢者」とした。Y元職員を誰の証言とか証拠もなしに、そして当方の陳述書を全く無視して、「簡単に切れて暴力を振るう卑劣な青年」とした。最後まで虚構のストーリーによる一人芝居を演じていたのである。そして机上だけで書いた自分たちの不利を次第に認識し、裁判所の和解の打診を救いの船として、「これ幸い」と飛び移ったようなものではなかったか。基本である証拠実証主義とは無縁の、また当方の陳述書から何も汲み取ろうとしない、プロとは無縁の誠に愚かな弁論でしかなかった。

これに対して当方には真実と正義を目指す熱意と闘争心をベースにしたうえで、Y元職員及び当ホームの名誉を守るため、一致協力して証拠資料を次々作成する職員集団がいた。そしてY弁護士にはこのような当ホームのみある利点をフルに活用して弁護をして頂いた。事実に基づく証拠資料を全く用意できない原告側とは決定的に違っていたのである。

弁護士に頼んだから弁護士任せというのでは成果はない。如何に有能な弁護士でも、依頼する側のバックアップがなければ職務遂行は不可能であり、成果も得られない。それを雄弁に示した裁判であった。

私は裁判に真正面から取り組んだのは初めてであったが、この結果には寝る間を惜しみ休日なしにパソコンに向かっていたことが報われた思いであった。その証しは数十件もの陳述書等の案文と数々の資料として、今も自宅のパソコンに保存されている。それがあるからこの記録も書けたのである。

二年を超えるあのときはバトルの一念であったが、無事に過ぎれば全ては何事もなかったかのように忘却の彼方に去る。まして不名誉なことは思い出したくもないもの、今は当法人にもこの件を記憶に留める人は稀有であろう。過去に学ぶうえで本来そうであってはならないのだが、侘《わび》しいかなそれがこの世の常である。

しかし私にはこの一連のことは「夏草や兵《つわもの》どもが夢の跡」であり、パソコンに残る記録と諸々の資料は、心血注いで為し遂げた仕事の証しである。

この件は前記「四～六」のことと並ぶ当法人の最大課題と思っていただけに、職員をはじめ関係者との協力のもと、このいずれについても初期以上ともいえる成果で行えた達成感は大きかった。

八　思い出に残る利用者さんのこと

堅い内容を長々と書いたので、ここで思い出に残る二人の利用者さんのことを紹介したい。

［その一］

車いすのMさんはいわばインテリ婦人の雰囲気があり、短歌を趣味にして作品が「黎明」に掲載される常連でもあった。そしてたまたま宮崎県の社会福祉協議会と長寿社会開発センターが共催する「平成十八年度　心豊かに詠う全国ふれあい短歌大会」で短歌を募集しているのを知り、Mさんに応募を勧めた。そして亡き夫を偲んで詠んだ次の応募作品が最優秀賞に選ばれた。

夢に来し夫は痴呆に非ずして吾を励ましほほえみて消ゆ

せっかくの栄誉であり、主催者の招待に応じて空路宮崎の大会に出席したMさんは大変な喜びようであった。昼夜の介護は体力十分の女性部長が同行した。東社協の広報紙で紹介されることになり、その取材のため広報係長が担当者同伴でホームに見えた。本人も嬉しそうに取材に応じていた。後日その係長から戴《いただ》いた取材協力の礼状の一部分を紹介する。

――利用者、職員の皆さんの雰囲気が非常に良く、あの大変といわれた偕楽園ホームが短期間で立派に立ち直っていることを肌で感じました。それにお会いした利用者さんの佐道さんを見つめる表情がとても嬉しそうで、心から信頼しているようでした――

Mさんは誇り高くて勝気、時には感情を爆発させて大泣きもする。その一場面を詠んだ私の介護短歌を紹介させて頂く。

相部屋でいさかい怒る利用者さんなだめる私に悔しさぶつける

特養同室利用者とのいさかいでひどく立腹され、部屋に閉じこもって食事にも出て来ません。居室に伺いなだめる私に、同室の方からひどい言われ方をしたと泣いて悔しさをぶつけるのでした。

家族には恵まれず面会も稀であったが、本ホームはMさんにとって思うように生活できた、幸せな終の棲家であった。入院している病院に見舞った際、私の顔を見るなり顔をくしゃくしゃにして泣かれたのが最後の別れであった。

［その二］

Tさんはお年や要介護に関係なく全てがプラス思考で、奥様ともラブラブ賛歌であった。そのようなお人柄もあって、お家でお住まいの頃の人の輪が民生委員を含めてそのままホームにおいても引き継がれ、「今日もピクニックですね」と声を掛けて私もその輪に加わることがあった。

次の文章はホームでのTさんのひとこまとして、ご長女から頂いたものである。

郵送で頂いた「黎明」をぱらぱらとめくっていて驚きました。満開の桜と雪柳の花をバックにして、車いすの父が写真に納まっていたのです。父は昨年から歩けなくなり、体がどんどん硬くなって手足を動かすととても痛がりました。そして車いすにも「お尻が痛い」「首が痛い」と長く座っていられないようになったのです。こうした症状は進行し、体は衰えていくものと認識していましたので、外出が、それもお花見ができるとは夢にも思っていませんでした。

「お父さん、お花見にいったの？」と本人に聞くと「行ったよ！」とのこと、職員の方に伺うと、車いすの前にいた子供たちに「危ないよ！」と声をかけていたとのことでした。

青空の下で楽しい、気持ちのいい時間を過ごさせて頂いて、有り難うございました。家族にとっても思いがけない嬉しい出来事でした。

お父さんの好きなもの

ご飯、お風呂、歌、美人、百人一首、と、佐道さん。

家族が面会に行った時より、施設長の佐道さんと顔を合わせた時の方がびっくりする位嬉しそうな笑顔になる父は、佐道さんが大好きです。


病重く、程なくしてホームでの看取り介護で、皆さんに見守られながらロウソクの灯が消えるように亡くなられた。奥様に「Tさんは本当に幸せな人生を送られましたね」と申したら、「私もそう思います」とおっしゃられたが、Tさんは一生精一杯明るく生き、誰からも愛される人生を送られたのであった。

九 「初音の杜」の開設

(一)「初音の杜」開設の準備段階

私はかねてより歴史ある一誠会が、偕楽園ホームだけでなく、入所・通所を含む総合的に介護事業を行う社会福祉法人にしないと勿体ないではないかとの思いがあった。そして新設施設としては一応一般的であるグループホーム(認知症対応型共同生活介護)とデイサービスセンター(通所介護)とし、それもできるだけ早い時期の開設を目指したいと考えた。

とは言っても、用地の費用を含めて数億円の資金が必要である。それも将来の負担にならないように、借入金に頼ることなく自己資金のみによることとした。そしてそのため毎年の収支差額を計画的に積み立て、過去の積み立て分を含めて五～六年を目安に所要の新規事業積立金を確保することとした。併せて地元職員の協力で施設用地を物色することとし、候補地が出る度に新谷先生も一緒に見に行った。

ただ私自身は「七」の裁判の件にも忙殺されており、施設新設については夢を語りながらも時間を割けない状況ではあった。そしてその間に施設整備積立金は所要額を確保できる見通しになり、用地は「灯台下《もと》暗し」で、当ホームに隣接する町会副会長の所有地を、駐車場用地を含めて購入できることになった。結果として最高の適地が得られたのである。

土地購入額は不動産鑑定士による評価額を参考にして決め、売り主の町会副会長とも合意していたのだが、理事会でその額について一言居士の理事より珍しく異論が出、その際前記の都議会議員であった石森理事が、不動産鑑定士によるその額で妥当ではないかと説得して下さったのは有り難かった。

デイサービスセンターは一般型と認知症対応型を併設するのだが、認知症対応型は八王子市介護保険事業計画に基づく地域密着型施設に指定されるべく、市所管部幹部職員、関係事業団体役員等が並ぶ事業説明のオリエンテーションに理事長とともに臨み、無事その指定を得た。

これらと並行して設計業者により基本設計と実施設計が作成された。一階が一般型及び認知症対応型デイサービスセンター、二階が二つのユニットのグループホームである。

施設名は広く職員等から募集し、K管理栄養士ご家族の提案による「初音の杜」とした。初音はその年に初めて啼く鶯とホトトギスの声のこと、平安の昔から栄華で目出度いとされ、『源氏物語』にも紹介されている。「梅に鶯」の山里ともいえるこの地にふさわしい、そして「名は体を表す施設」になることを願っての命名であった。

指名競争入札により建設業者が決まり、地元の皆さんへの工事説明会、そして若松神社の宮司さんを斎主に、町会長さんをはじめ地元の方々を招いての地鎮祭を行って着工した工事は順調に進み、平成二十三年二月、予定どおりの期日に竣工した。

備品整備ではいずれも当法人では初めてのところからであったが、日本財団からは利用者送迎用福祉車両、そして東京労働局からは介護設備等整備モデル奨励金で特殊浴槽、三モーター付きベッド、車いす体重計等の整備で助成を頂いた。施設新設で整備する備品は膨大であっただけに、これらが助成で整備できたのは誠に有り難いことであった。

(二) 落成記念披露会とその後のこと

平成二十三年四月の開所を控えた三月、大仰にしないようにと思いながら一階のデイサービスセンターで「初音の杜落成記念披露会」を開催した。中津川と函館の姉妹法人、国会議員をはじめ多くの方から贈られた蘭の花が玄関から披露会場にかけて所狭しと並んだ。その日は私にとってもハレの日であり、せっかくなので妻にも来てもらったが、玄関正面にはその妻が制作した特大の絵画が飾られた。「ここに飾るために制作されたような絵ですね」と褒められた。

町会役員、民生委員、市内施設と地域包括支援センター、業者さん等七十数人のお客さんにはまず職員の案内で施設内を披露させて頂いた。ある施設長は「随分お金をかけましたね」と立派さを感心していたが、「これから何十年も使うのですから」と話した。

続く会は私の進行で進められ、新谷先生と鈴木理事長の挨拶、建設業者等への感謝状贈呈に続き、来賓の方々から祝意のこもった挨拶を頂いた。何人かの施設長にも挨拶を頂いたが、そのなかで以前から懇意にしているある施設長が「あえて辛口を」との前置きで、後発で地域での施設間競争に加わることの苦労を、激励を込めて話された。このことは当方も十分承知のうえでの施設新設だが、後日その施設長に会った際、「歴史のある当法人がいつまでも偕楽園ホームだけでよしとするわけにはいかない。なによりも法人の将来に夢を描き中長期で取り組む」旨を話し、お互い意気投合したものである。

その月、例の巻紙の手紙をその後も下さる山本女史が中津川から数人の職員と車で来訪され、偕楽園ホームと初音の杜を隅から隅まで見て回られた。全てがご満足だったようで、帰られる際に「佐道さん、本当に素晴らしい仕事をして下さいましたね。これからも宜しくお願いしますね」と言って頂いた。

(三) 理事長より示された「初音の杜運営指針」

披露会の来賓の方々にお渡しした施設紹介資料に、理事長による認知症に重点を置いた施設づくりの指針ともいえる次の文書を含めさせて頂いた。初音の杜の運営指針でもあり、長文だが紹介させて頂く。

認知症高齢者のケアについて
―初音の杜開設にあたり―

理事長　医学博士　鈴木　康之

一　なぜ認知症対応型サービス事業所を開設したのか

二〇二五年には団塊の世代が六十五歳以上になり、高齢者人口（六十五歳以上）が約３６００万人となってピークを迎えます。その内七十五歳以上の後期高齢者が約２２００万人と約六割を占め、特に都市部で高齢化が進むといわれています。更に認知症高齢者は３２０万人になると推計されています。また一人暮らし高齢者世帯は約６７０万世帯に達し、高齢者二人世帯も同じ趨勢で増えます（地域包括ケア研究会：平成二十三年）。

日本は世界で一番の超高齢化社会を歴史上初めて迎えるのであり、それも認知症高齢者のかつてない増加を伴ってでもあります。認知症ケアがますます必須かつ緊急の課題である所以であり、介護保険法の十八年度改正では、認知症ケアに関する諸対策が重点的に取り入れられたところです。

認知症とは「後天的な脳や身体の疾患を原因として、慢性的に起きる記憶や判断力、理解力などの認知機能の低下した状態であり、それにより日常生活や社会活動に障害を生じること」と定義されています。しかしすべての機能や能力が低下するわけではなく、残されている機能や能力があっても見過ごされやすいことで、人としての尊厳を損なわれていることが多くあると思われます。特に病院や在宅から施設に入所された、無表情で日常生活に全介助が必要とされる利用者さんでも、機能や能力を見抜く能力をもった職員の介護により見違えるように表情が豊かになり、食事も自分で出来るようになるケースもあります。また、過剰な抗精神薬により日常生活が制限されている方が、薬の減量で表情が豊かになって、会話や歩行が出来るケースもあります。

これからの認知症高齢者の介護は、認知症によって自立した生活を営むことが困難になった利用者さん一人ひとりについて、残されている機能や能力を見抜く質の高い介護職員の介護により、家庭的な環境と地域住民との交流のもとで、食事、入浴、排泄などの日常生活のお世話や、日常生活のなかで心身の機能訓練を行うことで、利用者が安心と尊厳のある生活をその有する能力に応じ、可能な限り自立して生活を営むことが出来るように支援することが大切です。

また特に認知症高齢者は加齢に伴い基礎疾患を有する場合が多いこと、さらに認知症により症状を伝えられない患者さんが多く、病気の進行を見逃されていることも少なくないと考えられます。更に基礎疾患の悪化により、認知症が進行しているケースも存在します。そのような医療面での認知症患者の加療及び基礎疾患の加療が出来る環境が緊急に必要と考えます。質の高い介護と医療面での加療が出来る、認知症利用者さん一人ひとりに対応したテーラーメイドの介護が出来れば、理想の認知症介護になると考えます。
※テーラーメイドは、注文の紳士服をその人に合うように採寸して仕立てることです。同じようにここでは、一人ひとりに寄り添ったケアを行うことをいいます。

当法人は約三十年の特別養護老人ホームの運営経験があり、平成十八年度には居宅介護支援事業所を開設し、短期入所生活介護（空床型）を実施しています。そしてこの四月一日、偕楽園ホーム東隣接地に「デイサービスセンター初音の杜」と「グループホーム初音の杜」を開設し、一般型通所介護及び地域密着型・認知症対応型の通所介護、並びに認知症対応型共同生活介護（いずれも介護予防を含みます）のサービスを始める運びになりました。

これらの事業は隣接する偕楽園ホームとの併設の利点を生かし、密接に連携して一体的に運営します。サービスでは近年の偕楽園ホームを中心にした認知症ケアの実践とそれによるノウハウを生かします。そして認知症予防並びに軽度から重度におよぶ多様な利用者について、医療を含む質の高いケアを実践します。

あわせて認知症ケアでは、その方々の生活環境が大切です。地元宮下町のこの恵まれた自然を愛でつつ、居心地よいアメニティーとホスタビリティー、それになじみの人間関係のなかで、その人にあった生活体験をしながらかつての生活を思い出し、のんびりゆったり落ち着いて過ごしていただきます。

この初音の杜は今後ますます重要になる認知症等のケアを通して、いささかなりとも地域社会に貢献したいとの、当法人としての次なる一歩として計画いたしました。そして地域の皆さまの

ご協力を得てこの度実現の運びになりましたことを、まずは心より感謝申し上げます

二　認知症高齢者のケアのあり方

高齢者介護の理念は、介護保険法第一条で「利用者がその有する能力に応じ自立した日常生活を営むようにするものでなければならない。」と明示されており、これが認知症介護においても大前提です。

認知症高齢者の特徴は、認知症高齢者本人の記憶障害の進行により不安、焦燥感が出現し、徘徊、被害妄想等を含む行動障害が生じることが問題になります。また家族は知識や理解の欠如により、異常行動へのとまどいや受容の困難、そして認知症発見の遅れ、さらには過度の介護疲れ等から虐待に繋がることが問題です。

認知症高齢者のケアの基本は、認知症高齢者本人の尊厳の保持であります。そのために留意することを次に記します。

（一）心のケアとしては、生活や行動全般をみて本人のペースに合わせた対応が必要であり、一定の生活リズムをつくることが大切であること

（二）関係性の重視として、なじみの人間関係や居住空間（思い出の家具、飾りなど）が有効であること

（三）継続性と専門性の重要性として、状態変化に対応した医療やリハビリを含む専門的ケアを関連職種が連携のうえ適時・適切に行えること

（四）権利擁護の必要性から、高齢者本人の意思による代弁・代行が必要であること

(五) 身体のケアとしては、食事、入浴、排泄、リハビリ等を中心に、一定の生活リズムをつくること等のことです。

職員への実践的な取り組みとしては、

(一) 相手の話を聞くことから始め、自分たちが何故この仕事をしているかを考える機会をつくり、自分たちの都合で入居者の意思を利用しないこと

(二) 職員の教育については、収容から入居、措置から契約、処遇から支援へと変わってきた歴史的背景を理解し、連綿と続く歴史のなかで現在の認知症介護があることを理解すること、そして問題になっている虐待の防止などに繋げること等が大切です。

高齢者の虐待については、当時の虐待の顕在化を受けて、平成十八年四月に「高齢者に対する虐待の防止、高齢者の養護者に対する支援等に関する法律」(通称「虐待防止法」)が施行されました。この法律は家庭内と介護サービス事業所職員等による高齢者虐待の防止を図るとともに、家族への支援を行うことで、高齢者の権利擁護を実現することを目的としています。虐待の背景には、介護で翻弄される家族の介護疲れも要因としてあり、家族支援は重要です。

虐待は積極的虐待(言葉、暴力、精神的な抑圧)、消極的虐待(ネグレクト)、快楽的な虐待(人をおもちゃ扱い、笑いのネタにする等)等、多様であります。しかも密室で行われることや当事者に虐待の認識がないことも多く、発見が遅れることにもなります。

身体拘束も基本的に高齢者虐待に該当します。認知症の周辺症状が現れた利用者に対し、安

易に身体拘束を行うことは厳に避けなければなりません。特に周辺症状の現れた利用者を身体拘束することは、新たな周辺症状を起こすという悪循環に陥ることに注意しなければなりません。認知症対応型サービス事業所に限らず、ほとんどの介護施設・事業所は認知症の人が生活・利用する場であり、周辺症状を起こしやすい人が周辺症状を起こさないように配慮して生活・利用できるようにするのが職員の役割です。周辺症状が起きた利用者には、利用者の人格を尊重した対応をすることが介護の専門職には求められるのです。

運営基準（厚生省令）では、緊急止むを得ない場合（切迫性、非代替性、一時性の三要件全てを満たしていることが必要）を除き、身体拘束を行ってはならないとされており、止むを得ず拘束を行えるのは、あくまでも必要最小限の限定的な場合のみなのです。身体拘束は高齢者虐待に該当することを、関係者は十分に理解することが必要です。

特に高齢者虐待の早期発見、早期解決のためには、介護サービス事業者は高齢者福祉の関係者として、高齢者虐待を発見しやすい立場にあることを十分に自覚し、その発見に努めることが求められています。実際に、あざなどの身体的徴候や利用者の言動、家族の様子を通じて虐待の疑いをもったときは、速やかに担当のケアマネージャー、地域包括支援センター等に連絡し、更に区市町村の相談窓口に連絡します。またサービス提供の際の声かけや見守りを通じて高齢者の精神的安定を図り、家族の介護負担を軽減することが虐待の防止に繋がるのです。この虐待防止については、職員には一度でなく、研修等で繰り返し周知徹底を図る必要があります。

認知症が進み、自己の財産管理が出来ない利用者には、成年後見人選任の手続きをすることも必要になります。

医療面では、高齢認知症患者が病気で急変した場合、医療連携は必ずしも十分ではありません。すべての医療機関がそうとはいえませんが、遺憾ながら高齢認知症患者を軽視する傾向があることは否定出来ません。特に病気の症状を訴えることの出来ない高齢認知症患者は重症になり易いのであり、適切な診断・治療を行える医療体制を整備することは急務であります。介護事業所としても、適切な診断・治療が出来る信頼出来る医療機関との連携が特に必要と考えます。

三　今後の事業所運営に当たり取り組みたいこと

主にサービス面で、初音の杜で目指したいケアについて次に記します。

(一) 高齢者介護の理念は介護保険法第一条で、前記二の冒頭に記載のように明示されています。この理念を十分に理解した質の高い職員、奉仕の精神をもった優しい職員を育てること、そして各職種全職員が認知症介護の理念を共有して、質の高いチームケアを行えるスタッフと組織にすることを目指します。

(二) 利用者さん一人ひとりに残されている機能や能力を見抜く能力をもった介護・看護等の職員による、質の高い介護を実践するようにいたします。

(三) 高齢認知症患者のなかには、過度な抗精神病薬により日常生活が十分に出来ない患者がいることが問題であります。患者さんを十分診察し、過度な抗精神病薬を減らすことで生活の質が上がり、その人らしい生活を送れるようになる患者さんもいます。このことにより、隠れていた一人ひとりに残されている機能や能力をさらに引き出し、少しでも認知症の進行を抑制出来るような介護に取り組みます。

（四）認知症対応の出来る医師により健康管理（検査、診断、加療）を行い、適切なケアとキュアに取り組みます。

（五）管理栄養士により、高齢者認知症患者の状態に対応した栄養管理を行います。

（六）出来るかぎり自立した生活が出来るように、筋力保持・歩行訓練を中心に、機能訓練や運動を行います。後遺症のある患者さんにはキネステティク、すなわち介助される方の自然の動きに着目した体位変換の考え方で、介助される患者さんが自然に動く感覚を思い出すリハビリ療法などを実践します。

（七）これらのことでは、特に管理・監督職員の優れたリーダーシップ及び専門性を発揮するうえでの円滑な職種連携が重要であり、このような組織運営が出来るように努めます。

（八）介護職員の報酬：介護職員自身の生活の安定があってこそ、継続して良い介護サービスが出来ます。現在の介護職員の報酬は、仕事内容から考えてもまだまだ満足出来る水準ではありません。将来の生活設計に不安のある職員がいることも現実です。事業所としても質の高い介護サービスを提供して収入を確保し、安定した健全経営をすることで、少しでも満足出来る介護職員報酬にしたいと考えます。

以上の取り組みにより、軽症から重度を含む、多様な一人ひとりに則したテーラーメイドな介護を、専門性を含む質の高い職員によるチームケアで実践したいと考えています。

四　認知症対応型サービス事業を運営する経営者としての心構え

経営者は実際の運営を管理者に全て任せるのではなく、介護サービスを提供するに当たり、経営者もさまざまな規範やルールに精通し、さらに単に利益を追求するのではなく、実践の現場を総合的に把握してリーダーシップを発揮しなければなりません。そして優しさや奉仕の精神をもち、職員に尊敬される経営者でなければならないと考えます。

そうであるように、経営者は事業の舵取りを管理者と協力して進めていかなければならないと考えています。そして利用者の居宅や事業所においてサービスが適切に提供されるように、法及び運営基準等のルールを理解し、利用者の状況を把握して、サービスの提供が利用者の自立支援に繋がるようにすることが大切です。また事業所の適切な運営のために管理者と共に職員を管理し、ＯＪＴ等として適切な指示やアドバイスを与えることが必要です。

前述のように当法人は約三十年の特別養護老人ホームの運営経験があり、居宅介護支援事業所と短期入所生活介護も始めて五年になります。新しいサービスを始めることで職員は新しい気持ちで新分野の介護経験を積み、視野と能力が格段に向上すること、さらに法人が地域社会や地域の介護のネットワークに開かれていっていることを今までも実感してきました。そしてこの四月にデイサービスセンターとグループホームを開設することで、職員の一層の水準向上、そしてそれぞれのサービスを通して一層地域に根を張ることを期待しています。

私自身は府中市で総合内科の診療所に勤務し、府中市の物忘れ相談医をしています。偕楽園ホームの嘱託医として、特養での医療面のサポート及び認知症ケアに携わってきました。その経験を生かし、認知症予防及び軽度から重度の認知症ケアの出来る、質の高いケアと医療を含む総合的な介護機能を発揮する初音の杜であること、そして医師を含む各職種の知見を結集した実践を通して、これからの認知症ケアにいささかなりとも貢献していきたいと考えています。

以　上

五　認知症高齢者を含む全ての人に尊厳ある生活を

「尊厳ある生活の尊重」は、介護保険の最も重要な理念です。平成十八年度の介護保険法改正ではこのことが議論され、理念を定めた第一条に「尊厳の尊重」が明記された経緯がありますが、それを具体的に実践するのが現場の役割です。そして初音の杜では次のことをベースにして、きめ細かいサービスを行います。

(一) 利用者一人ひとりを尊重し、その人の能力に応じて自立した日常生活を営むことが出来るように、そして利用者がそれぞれの役割をもって、家庭的な環境のもとで日常生活を送れるように援助します。さらに過去の生活を取り戻していただく援助をします。

(二) 住み慣れた地域での生活を継続し、さらに地域住民との交流や地域活動への参画を進め、地域に根付く生活をしていただきます。

(三) そして利用者やご家族から、この施設でサービスを受けて本当に良かったと言われる施設運営を目指したいと考えています。

初音の杜は私にとりましても理想のケアの実践に向けて、やりがいのある自己実現のステージと考えています。そして一層の研鑽を積み、よりよいサービスへの実践に繋げていきます。そのことが医者冥利につきる思いであります。
ご支援のほど、宜しくお願いいたします。

以　上

(四)「初音の杜」の運営全般について

ア　初期サービスの概要

初音の杜は平成二十三年四月一日、一階はデイサービスセンター、二階はグループホームで開所した。初音の杜開設準備室長が両方の管理者になり、職員は偕楽園ホームからの異動と新規採用により配置した。

グループホームの生活の単位であるユニットは、個室の居室十二室が共用スペースであるデイルームを囲むように配置され、それが事務室を挟んで玄関も別で両側に二つある。利用者は二つのユニットの二十四人を充足して発足した。各居室はご家族によりアットホームに飾れ、私も誘われて自作の短歌や絵画が飾られている居室に伺い、作品集やアルバムを見せて頂いたりもした。デイルームは皆さんの団らんの場であり、食堂でもある。デイルームから見える四季折々の山里は将に「初音の杜」の原景色である。音楽大学で教えられているご家族によるミニコンサートが折々に行われた。

デイサービスが目指すのは「お一人おひとりが元気な長寿を」である。長年施術院を経営していた機能訓練指導員により「機能訓練は楽しく」をモットーに、一人ひとりのアセスメント

（評価）に基づいた訓練が和やかな雰囲気のなかでも真剣に行われていた。「歩けるようになった」「拘縮が軽くなった」等の声が聞かれるのは職員にも励みである。

認知症予防プログラムは理事長からも折々に提案があり、それに基づいてサービスメニューの充実が図られた。文化的なプログラムでは書道（佐道担当）と華道（小室法人監事担当）が行われた。共同作品制作では利用者からも案が出て、毎月新しい作品が飾られた。七夕制作では笹の葉で訓練室を飾り、天井に大きな天の川が架けられた。

毎月最終月曜六時からグループホームとデイサービスの全利用者について、理事長、私、初音の杜管理者、機能訓練指導員等各職種職員によりカンファレンスが行われた。利用者ごとに介護・医療・機能訓練・生活を包括したサービス方針を検討したが、毎月このようなメンバーで専門性の高いカンファレンスが行われる施設は珍しかったのではないだろうか。

経営面ではグループホームは開設時から定員を満たして発足したが、デイサービスは新設の通例で最初の数カ月は五月雨《さみだれ》的に新規通所を始める方を迎えるだけの我慢の期間であった。しかし年度後半には一般型は定員の十五人を充足するようになり、二年目からは訓練室面積限度まで定数を増やして増員を図った。ただ認知症対応型は一般の傾向どおり人員増はスローテンポであったが、一般型デイサービスとグループホームを合わせて初音の杜としては初年度から収支を維持した。

イ　偕楽園ホームと連携しての運営

運営面では偕楽園ホームと併設のメリットを最大限活かした。デイサービス利用者の送迎は偕楽園ホームの職員を含むローテーションで行った。防災では偕楽園ホーム防火管理者の統括の元両施設が連携して活動し、毎月の防災訓練は出火場所の想定を交互にして行った。

医療・看護では偕楽園ホームがグループホームについても嘱託医によりホーム内診療を行う等、偕楽園ホームと同等の医療・看護を行った。歯科についても高輪会サンフラワー八王子歯科さんが偕楽園ホームと同じくグループホームの協力医療機関になり、毎週のホーム内診療を行った。

後にグループホームの利用者で要介護状態が重度化し、偕楽園ホームに移った方がいたが、特養併設でこのことが容易にできるのは利用者には大きな安心である。

ウ　地域密着のこと

本項冒頭で書いたように認知症対応型デイサービスセンターは市の指定による地域密着型施設であり、利用者の皆さんが地域との縁を大切にしてかつての地域での生活を思い出すように、地域との交流を大切にするのである。毎月市役所、地域包括支援センターの係員及びご家族による地域推進会議が行われ、他施設での地域交流事例を参考にすることも行われていた。

ただ地域のことは「六の（十二）」でも紹介したが、八王子郊外のこの地域は古くからの風習や人間関係が多く引き継がれ、核となる旧家も多い。それにデイサービスの利用者は多くが地域の方で地域に馴染みのある方が多いのだが、更にそのご家族を通して初音の杜が一層地域に根付くようになった。

また地域の方には一般型と認知症対応型の区別はなく、更には初音の杜も偕楽園ホームも一緒であり、従来からの偕楽園との繋がりがそのまま初音の杜に及んだ。町会による城址公園でのお花見や若松神社近くの盆踊りには両施設一緒に参加し、若松神社の秋祭りでお神輿や獅子舞が来るときは両施設の皆さん一緒に出迎えた。そしてお互い声を掛け合ってホーム前の広場が交流の場になった。

近所の大地主さんによる恒例の収穫招待にも両施設一緒に参加させて頂いたが、地主さんと顔馴染みの利用者さんとは昔話に花が咲いたりもした。ボランティアでみえる地元婦人会の皆さんも両施設区別なく交流した。そして初音の杜も自ずと地域密着が進んだ。

(五)「初音の杜」開設の総括

繰り返すが施設新設は三十年に及ぶ一誠会の歴史で初めてであり、事業の多角化への一歩として立派なエポックメーキングではなかったか。それにしても未熟な法人組織、そして私も初体験であった施設新設は厳しい挑戦であったが、しかし旗を掲げて挑むべきときに挑まないといつまでも旧来のままということになる。現状を追認するだけの組織は、それまでの一誠会がそうであったようにむしろ退化するのである。

初音の杜開設に当たり理事長が前記「(三)」の「認知症高齢者のケアについて」を著し、医師としての知見に基づいて運営・サービスの指針を示したのは意義あることであった。「(四)」のア・イで記した数々のサービスの提案及び毎月行う全利用者のカンファレンスはその実践例であるが、更に初音の杜の医療・看護を、歯科を含めて偕楽園ホームと等しく行ったことでも、理事長が医師であることによる大きなメリットである。

少々能書きが過ぎたが以上のことを踏まえて、都の指導検査で指摘された最低の状況からの全面的体質改善、並びに死亡事故裁判の事実上の勝訴によってどん底から脱却したのに対し、この初音の杜開設については一誠会が一段上にステータスアップしたのであった。そしてこのように総括できることを、この間一致団結して取り組んだ皆さんへの感謝と共に幸いに思うのである。

十 私の一誠会での最終期

(一)「災害に強い施設」に向けて

ア 耐震補強工事

災害弱者を守るため福祉施設の耐震基準は一般の建物より厳しいのだが、本ホームが築三十一年になることで平成二十三年耐震診断を行った結果、その基準に満たないことが判明した。そのため都の社会福祉施設耐震工事費補助を受け、平成二十四年に耐震改修工事を行った。

工事は建物を構造面から補強するため、建物正面一、二階外壁面に鉄筋ブレーズフレーム（補強材）を取り付けること（古い校舎でよく見かける）、及び外部階段にも鉄筋ブレーズフレームを取り付けることであった。指名競争入札で決まった地元大手業者による工事は建物正面を幕で覆い、騒音が建物中に響く半年以上の大工事であったが、それを行ったことで耐震基準を満たす建物強度が保証されることになった。このようなハードの対策と次項「イ」の自衛消防隊等のソフトの対策を車の両輪にして、「震災に強い施設」として維持されるのである。

次に生活環境整備のため、同じく都補助による大規模改修工事を計画していたが、それは後に後任者により行われることになる。

イ　八王子消防署長表彰を受ける

本ホームは平成十九年十一月の防災の日に東京消防庁予防部長より「業務適切功労」により表彰を受けていたが、重ねて平成二十四年十一月八王子消防署長より「自衛消防の組織業務適切功労」により表彰を受けた。

本ホームの自衛消防隊については「六の（九）」で紹介したが、毎年七月八王子消防署が主催する自衛消防審査会には初出場職員のみの隊編成で出場し、その積み重ねで大半の職員が審査会に出場していること、そしてそのような隊編成で男子隊は敢闘賞を受け、女子隊も入賞していること、毎月利用者参加の防災訓練を実施し、危険物点検、備蓄品チェックを行っていること、毎夕の夜勤引き継ぎ時に五人の夜勤・宿直職員は非常時の役割確認を行っていること、新規入職職員は全員立川防災センターで地震等災害体験を行っていること、放火防止のため毎夕外回り点検を行い、施錠できる廃品入れ倉庫も設置したこと等々、「災害に強い施設」を目指すこのような取り組み全体が評価されたのである。

（二）介護・医療万《よろず》講座を始める

デイサービスセンター訓練室を会場に、ご家族及び地域の皆さんが介護・医療を学ぶ場を設けることとし、平成二十五年から四半期ごとに「介護・医療万講座」を始めた。初回は理事長による認知症についての講座で、近隣の方々等多くの参加を頂いた。

このようなことは始めるは易くして続けるのは難しいものだが、後任施設長のもとで外部講師も次々招き、地域に根付いて続いているのはさすがである。

（三）給食業務の委託

当ホームの食事は優れた管理栄養士と調理師により高い水準で提供され、第三者評価では毎年高く評価され、家族懇談会でのご家族の試食でもさまざまなソフト食には感嘆の声であった。

ただ経営の合理化はどの部門も常の課題であり、その一環で給食業務の業者委託を考えた。そして毎日の食事はもちろん、行事食、治療食等を含む食事の質を維持し、むしろ専門業者が行うことで一層向上することを期待して、平成二十六年度から業者委託することとした。そして業者を広く公募し、応募の十九社を一次、二次と選考したうえでA社に委託することとした。

委託実施は私の退職翌日からであったが、当方と受託業者が食事の質確保を共通の目標に連携して取り組むこと、そして災害時にも協力し合うこととして行ったのである。

(四)介護職員による一定の医療行為の実施

口腔内の痰の吸引及び胃瘻《いろう》による経管栄養は、医療行為として医師又は医師の指示を受けた看護職員が行うこととされていたが、特養では夜間の看護職員配置は困難であること、他方で利用者の重度化でこれらの医療処置を必要とする利用者が増えたことから、厚労省通達により一定の条件整備のうえで介護職員もこれらの処置を行うことができることとされた。そしてその条件とは、①これらの医療行為について介護職員研修を行うこと、②手順書(マニュアル)を整備すること、③医師・看護職員・介護職員による「医療行為検討委員会」を設置すること、④介護職員がこれらの医療行為を行うことについて家族の同意を得ることの四点であるが、当ホームでは医師である理事長のリーダーシップによりこれらの条件を早くに整備し、平成二十三年度から介護職員もこれらの医療行為を始めた。

なおこのことについては、第二部でT看護係主任による「長寿を支える医療と介護」で詳しく書かれているのでご参照下さい。

（五）マニュアルの整備

介護手順のマニュアルについては私が就任した初年度、毎年介護職員が十数人五月雨のように辞める状況で、介護業務の標準化を図るべく、比較的単純な業務マニュアルを作成した。しかしそのマニュアルではその後の加算サービス等の制度改正に対応できなくなったこともあり、次第に顧みられなくなっていた。

そして数年を経てマニュアルを白紙で再整備することになり、平成二十二年マニュアル整備委員会が発足した。そして約一年半の精力的な作業を経て、平成二十四年十月に新しいマニュアル綴りが完成した。

このマニュアル整備は職員側、特にK委員長（フロア副主任）のイニシアティブで行われたものである。そしてよくあるように印刷しておしまいとすることなく、毎年度見直し・更新をきちんとして制度改正も即取り入れることとし、長期に生きて使われることが仕組まれていた。

これらのことはK委員長のリーダーシップのもと、整備委員会での皆さんの相互啓発による成果であるが、職員が自発的にこのレベルにまでなったことを、私も誇りに思ったものである。

十一　退　職

七十歳代も後半になり、長年の不規則な生活の無理が出てきたのか、ある時期から体調・体力の劣化を急に感じるようになった。私は生来低血圧で朝が弱いのだが、冬にはまだ薄暗い早朝に家を出、通勤ラッシュに座れることはまずなく、途中で気分が悪くなってホームのベンチで休むこともあった。車中で我慢して立っているうちに急に意識が遠のいて倒れ、周囲のざわつきで気付いたこともある。再度倒れないように、心苦しさを感じながら席を譲ってもらうこともあった。

病院に行く時間のゆとりもないので理事長に相談するうちに、理事長が私の主治医のようになり、無料で服薬の処方もして頂いたが、処方薬も次第に増え、名医である理事長も私の健康を本気で心配しているのを感じた。

その頃初音の杜の次の新規事業として、一誠会をもう一ランク上の社会福祉法人にするべく地域包括支援センターの設置を考えていた。そして市役所や情報通の施設長を訪ねたりしたが、市の計画では本ホーム近辺での支援センター配置はほぼ固まっていて、本法人がそこに割って入るのは困難な状況であった。とすれば私が本法人で行うべき大体のことは行ったということで、早期の退職と後任者のことを考えた。

平成二十五年十一月、新宿区の日本青年館で東京都高齢者福祉施設協議会が主催し、「いつまでも安心して暮らせる東京をめざして」を副題とする「東京フォーラム」が開催された。私は同協議会でそのフォーラムを担当する委員会の委員として、そのフォーラムを手伝うため会場に来ていた。そこでたまたまT協議会会長と話し合った際、早期の退職を考えているので後任を探している旨を話した。すると会長は、同協議会の副会長で私が委員をしている委員会の委員長、そして当日のシンポジウムで進行役を務めるM氏が、その翌月十二月末で今勤めている法人を退職するのでどうかと提案してくれた。

M氏の能力・見識とリーダーシップは十分承知しているし、まさに働き盛りで知名度も抜群、彼が施設長をしている特養の都の実地指導検査結果と福祉サービス第三者評価が非常に優れていることも聞いていた。典型的な外向きで私と正反対であることは、外に向かってネームバリューを上げていきたい当法人・ホームにはむしろ願ってもないこと。彼自身も上昇気流に乗っている真っ最中である。当法人にとってこれ以上ない最高の人物、しかもベストタイミングであり、ぜひ私の後任に迎えたいと思って即刻理事長にその旨電話した。そして理事長も同じ意向であり、ただ決めるのは当人と面談したうえである。このことをT会長に伝えた。そしてM氏は数日置いて当法人に来る意向を伝えてきた。

十二月も中頃、M氏はT会長同伴で来園し、理事長と初対面した。そしてM氏を翌一月一日付で施設長に迎え、私は三月まで副施設長で留まることになった。急転直下で肩の荷が下りた思いであった。

パソコンの人物検索でM氏が武田信玄のファンであることを知った。「風林火山」「人は石垣」の言葉を残す勇猛な戦国武将であるが、M氏のリーダーシップで一誠会が立派な石垣を備えた注目の城に発展する今後を思った。

十二月末、京王プラザホテル八王子で行われた毎年恒例の忘年会は、三カ月早い私の送別会のようであった。新谷先生からは「今までで最高の施設長だった」と身に余る挨拶を頂き、抱えるような大きな花束を頂いた。職員に突然胴上げされ、全く予想していなかったので十分なパフォーマンスが出来なかったのは残念であった。私には内緒で用意された追い出しパーティーの流れであった。

そして翌平成二十六年三月で、九年に及ぶ、しかも凝縮した一誠会「偕楽園ホーム」の勤務を終えたのである。

十二　一誠会のその後のこと

第二偕楽園ホームが完成し、平成三十年九月の落成披露式に妻同伴で出席した。偕楽園ホームから若干離れた広い借地に新築され、外見は和風で横に長い二階建てには特別養護老人ホーム（個室二十九室）、短期入所生活介護、訪問看護ステーション、サービス付き高齢者住宅、企業主導型職員保育所、クリニックが階別、廊下伝いに区分して配置されている。そして偕楽園ホームに設置されている看護小規模多機能型居宅介護事業所と一体で地域密着・複合のサービス機能を発揮し、高齢化が進む地域での多様なケアを担うのである。

職員は所要人員を早くに確保し、偕楽園ホームから移ったベテラン職員がそれぞれ要所に配置されているのも心強い。ユニークなこの新設ホームは海外を含む介護情報誌にも紹介され、見学者も多いとのことである。

令和二年二月、偕楽園ホーム開設四十周年記念式典・祝賀会が国会・都議会議員、市内の施設・病院関係者、町会長等の来賓を迎えて京王プラザホテル八王子で開催された。「新しい価値を創出する未来創造の社会福祉法人として」という一誠会が目指すテーマが舞台に掲げられ、更に五十周年・六十周年を目指す決意表明ともいえる会であった。石森市長とも両手で握手しての懐かしい再会であった。

令和二年六月、大和田地区での生活ケアシステムの要の役割を担う「八王子市高齢者あんしん相談センター大和田」を開設した。市の委託によるが、これも市の一誠会への信頼と評価があればこそのこと、ともかく経営の多角化が進むのは頼もしい限りである。

第八　有限会社Ｈ グループホームＲ

一　有限会社Ｈのこと

本社が埼玉県にあるＨの社長Ｑ女史は、私がハスタ（株）でケアマネをしていたときのお客様であった。彼女の父上が自宅療養で、そのため訪問看護等のケアプランを作成していたが、私が次の職場の和光市役所に移って父上のケアプランをハスタの後任者に引き継いだ後も、何かと相談等で市役所にみえていた。

その後父上が亡くなり、以前から夢であった介護専業の有限会社Ｈを立ち上げ、女史はその社長になった。そして広い自宅の敷地内で次々と通所介護事業を行ったが、女史の介護事業への志《こころざし》と人脈活用を含む経営の才覚には敬意を感じていた。そして私が偕楽園ホームに移ってからも、毎年のように八王子までの遠路を夫君運転の車で、数人の職員と共に見学・研修ということで来園していた。

二　事故対応に伴う入社

事故はHが開設して間もない「グループホームR」で、平成二十六年一月にあり、社長からその対応について電話で相談が来てはいた。しかし私にはその件がさほど難しいとは思えず、「なにをモタモタしているの」という感じであった。

私が一誠会を退職する当日の三月三十一日午後、社長よりそのことで急遽会いたいとの電話があった。私は、「今日で一誠会を退職するので今は長電話できない。明日四月一日午後自宅に来てほしい」旨話した。そして所定の時間に社長は事務担当主任、女性ケアマネなどを連れて来宅し、私は何事かといった感じで迎えた。社長にとって私は万能の救いの神だったのであろう。私はあらためてその件の概要とその後のことを聴いた。

事故（正しくは事件だが）は採用して間もない二十歳代男性介護職員がフロア一人勤務の夜勤時に起きた。日常のお世話で特段の困難はなく、穏やかに生活されている中程度認知症の女性利用者に対し、男性介護職員が理不尽にも暴行を加え、利用者はその衝撃と恐怖で以後およびえて全くの無表情、そして口もきけない状態になった。要介護度も2から4になったのである。なんら抵抗できない高齢弱者の利用者への暴行・虐待、それも認知症対応型のグループホームで利用者をお世話するのが仕事の介護職員によりなされたことは到底許されることではない。

事故後、利用者側はご子息のS氏、会社側は社長とケアマネで話し合われてきたが、二カ月過ぎても何故か膠着状態にあるとのこと、そしてS氏より「当事者としてきちんと話せる人物を出すように」と求められたことから、私にその役を頼みたいとのことである。要するにHは相手側から当事者能力なしと不信任を突き付けられたのである。

私は長年の仕事を卒業してホッとしたばかりのところだったためしばらく思案した。そして在職時ならともかく、無職の身になっていながら納得してもらえる断る理由はない。それにこの件は解決が特に困難とは思えない。Hの責任が百%で相手側はゼロ。理屈としても「業務上暴行傷害」として単純である。なによりも会社は誠意を態度で示して謝り、百%の償いをすること、そして母上には元の状態に回復して頂くべく最善のお世話をすること、更にこれまでの事業運営・サービスで見直すべきは見直し、これを機に二度とこのようなことが起こらないように全てをグレードアップするとのことである。不信から信頼へと繋げること、そしてHにとっても「雨降って地固まる」機会にすることである。しかし、その誠意と道筋が、何故かS氏に全く伝わっていなかったのである。

私はQ社長の介護事業への志を思い、それをお手伝いするつもりで申し出の件を引き受けることにした。そして問題解決までそれほど長い期間は必要と思わなかったので、期間をS氏に法人としてのHの取り組みを信頼して頂けるようになるまでの期間とし、私は仰々しくも相談役の名刺をもらうことになった。

次に私がS氏の言う「当事者としてきちんと話せる人物か」だが、差し当たり手元にある最近の名刺を何枚か渡し、私のことは社長から話してもらうことにして、S氏の判断を待つことにした。そして数日後、社長からS氏が私のことを了承されたとの電話があった。一旦止めたエンジンのスイッチを再びオンに入れることになったが、それにしても私が他所で在職中であればこのことに時間を割いて引き受けるのは困難だったのであり、誠に最高のタイミングではあった。

三　事故の対応、そして一応の了解

S氏は都内の区立中学校長であるとともに、都上部教育団体の要職も務める管理職教育者である。S氏とお会いするに当たり、社長にまずそれなりの金額の見舞金（示談金）を白封筒に入れて用意してもらった。次に退職している暴行した元職員（母一人・子一人家庭）の母親に隣室で待機してもらい、S氏の気持ちが許せば直接会って謝罪してもらうことにした。

S氏は親孝行で母親思いである。その母上と長年同居していたが、その母上が認知症で在宅でのお世話が困難になり、認知症専門で大切に介護されるはずの、Hが新設したグループホームRを入所先に選ばれた。その信頼が裏切られ、最愛の母上がまさかの介護職員により暴行（虐待）を受けたことで、この上なく激高されたのは当然のことであった。

ただ私には、母上の症状は精神的なショック性といった部類で、安心して頂ける介護を丁寧にすることで元の状態に戻るのにそう長くはかからないのではないかと思えた。

四月十二日、「R」の会議室で社長と私でS氏にお会いした。S氏はソフトで普通の紳士という印象だったが、要職にある仕事柄でもあろう、断固筋は通す堅さも感じられた。程なく和やかな雑談になったが、私が三十数年前、都内の児童養護施設に勤めていたことでその地元の中学校PTA会長をしたことを話すと、その学校をよくご存じであった。

話し合いの本題で、私がS氏に話した要点は次のことであった。

①私を「R」の代理人として認めて頂き、お会いできたことへの謝意。

②この度の絶対にあってはならない当社職員の暴行により、当社の介護サービスを信頼して「R」に入所して頂いた母上に対し、心身両面で大きなダメージを与えたことは全て当社の責任であり、深くお詫び申し上げる。現在当該職員は司直の手に委ねられ、当社は行政の厳しい監査と指導を受けており、そのことも私どもは重く受け止めている。

③この度の償いの一つとして、失礼かとは思うが見舞金を用意させて頂いた。「そんなもので」とのお気持ちは察するに余りあるが、決してそのような軽い気持ちではないし、これで済ませるつもりでもない。償いのひとつとしてぜひお受け取り頂きたい。

④そのうえで母上を引き続き、できれば看取りの最後まで、今迄どおり「R」でお世話させ

て頂きたい。とんでもないひどいことをした私どもとしても、このまま母上とお別れしたくはない。
⑤そのためにもこの度のことを反省のうえ、今迄のことで見直すべきは見直して、サービス向上に一層努力してご期待に沿うようでありたい。そうでなければ「引き続きお世話させて下さい」とは言えない。そして母上には以前以上の心身の状態になって頂くことが、私どもの最低の責任と考えている。
⑥そして私個人としても、当分の間ホーム職員の資質向上のための研修・指導・助言、そしてホームの体質向上に、およばずながら側面から手伝いたいと考えている。ともかくこれから変わっていくこのRをしばらく見て頂きたい。そうでないと、今日私がこのようにお会いできた意味がない。
⑦なお、母上に暴行をした元職員の母親が、ぜひ謝罪させて頂きたいと隣室で待機している。お気持ちが許せば、会って謝罪をお受け頂ければ有り難い。

これほど整然と話せたわけではないが、このような趣旨はお話しした。S氏はしばらく黙って考えておられた。そして③の見舞金は受け取れないと固辞された。このことはそれまでの経緯とお仕事柄からある程度予想していたが、いつまでも押し問答することでもなく、S氏のお気持ちとして白封筒は引き下げさせて頂いた。S氏にとってはこの件に金銭が絡むのは不純なのであり、なによりもこれからのサービスが信頼できるか、そのことに確信が持てるかが重要なのである。「やはり」とそこにS氏の見識を感じた。
⑦の暴行した元職員の母の謝罪を受けることはきっぱり拒否された。それだけこの卑劣な行為への怒りが強かったのである。元職員の母はいつも和服姿で礼儀正しくきちんとされていたが、S氏への謝罪で最低限の誠意を示そうとされた思いは最後まで叶うことなく、さぞ辛かったであろう。ろくでなし息子をもった母も悲劇である。
その他の件は全て受け入れて頂いた。S氏としてもこの時点ではひとまずこれで止むを得ない、後は当方が行うべきことを行い、結果をきちんと示せるか様子を見るということであったであろう。

法人のHとしてもサービスの向上等約束したことを以後着実に行い、それをS氏に認めて頂くよう努めること、そうであってはじめてS氏への誠意ということになる。なによりも母上を引き続きお世話させて頂くことで、Hに名誉回復の機会を与えて下さったのである。この件は職員にも長らく重い暗雲であったが、あらためて目標と道筋が示されたことで、以後に希望が持てたのである。

この事故に伴い地元市の指導が繰り返しあり、その度に改善計画書の提出を求められた。また暴行をした元職員は、後に簡易裁判所でさほどでもない金額で罰金刑に処せられた。

四　サービス及び運営管理向上の取り組み

グループホームRはHの常務が担当していた。ただ常務は施設の現場経験がないことからサービスの実務面はまだこれからといったところ、むしろ業界等外の仕事が多いようであった。職員は三十歳代の男性管理者の下《もと》、中間層として庶務担当主任、ケアマネ、一、二階別のユニットに主任が配置されていた。ホームがまだ新しいので職員は全体に若い。ただ適度に非常勤の中年女性がいて家庭的な雰囲気があり、飾りや掲示にもアットホームさがある。

ごく普通の印象のこのホームでこの度のことが起こったのは不幸であったが、起きた以上問題なしでは済まない。なによりもこの度の暴行をした職員について、採用と採用後のフォローが全く安易ではなかったか。職務についての経験・資格ともになく、しかも採用して間もない時期でのことであったが、素人を採用するのであれば尚更、福祉施設職員として育てる見識が採用側、そして指導層にあってしかるべきである。

職場全体としても職員への指導・研修がさほどなされていたとは言えず、管理・主任層にこのことの認識が希薄であった。職員の皆さんは仕事に真面目な人たちだが、必ずしも高いとは言えない専門性のもと、問題が起こらなければそれでよしとしていた安易さが全体にあったのではないか。

付言すればグループホームは制度上「認知症対応型共同生活介護」施設で、認知症の方が対象だが、軽中度者が主で重度者は殆んどいないこともあり、職員に認知症及びいわゆる困難事例について学ぶ動機付けが生じにくい。介護福祉士等の資格者が少なく、職員間で刺激し合うことが少ないこともある。

更にはこの度の事故の対応にRの管理者は全く蚊帳の外であったが、危機対応に関知しない管理者は考えられないこと、それは人材難と組織の弱さでもあり、これでは職責に応じた責任感も育たない。

非常勤で突然関わることになったよそ者の私に、これらを急にどうこうできるはずもなく、というより過ぎた出しゃばりは上滑りになるのみ。あくまでソフトに側面でのお手伝いをすることとし、おおよそ次のことを行った。

(一) 職場研修の実施

管理者及び主任は埼玉県及び埼玉県社会福祉協議会が行う外部研修に参加していたが、一般職員には参加の機会は殆んどない。参加した管理者・主任も本人の研修に留まり、その成果を職場で活かす意識は低い。学ぶ機会がなければ一般職員に専門知識はいつまでも身に付かない。学ぶ機会があれば皆さん学びたいのであり、ただその場が用意されていないのである。

そこで二カ月目の五月から月二回のペースで全職員を対象に職場研修会を始めた。自宅に保管していた偕楽園ホームでの研修資料を簡素にして教材にした。認知症のこと等やや難解な研修もあったが、各自で学ぶ資料もできるだけ用意した。紙の消費が急に増えたようであった。

この研修は私には職員と話し合う機会にもなり、研修を離れて職員から質問されることも増えた。担当利用者のことで質問した女性職員と研修終了後も話し合ったことを、その職員がとっても喜んでいたと後で主任から聞いた。相談内容に応じて資料を渡すようにもしたが、前向きな姿勢の職員に接するのは気持ち良いものである。

後半にはこの研修が以後も引き継がれるように、フロア主任にも講師をしてもらった。

(二)運営会議の実施

社長、常務、「R」管理者、主任層により毎月運営会議を行い、そのときどきの運営課題を話し合った。その年度の後半、空きベッドが目につくようになったことに関連して、入所施設の経営指標としてベッド稼働率のことを話したところ、皆さん初めて聞く言葉で「その計算方法を教えて下さい」ということになった。ただ利用者定数が二つのユニットで二十四人と格段に少ないグループホームでは、経営上一人の出入りの影響も非常に大きいということで、単純だが一床でも空きベッド状態が続かないようにすることを、初歩版運営会議の結論の一つとした。皆さんそれまで無縁であった経営課題を考える契機にはなったと思う。

ただ余談ながら、特別養護老人ホームは社会福祉法人の運営に限られているのに対しグループホームは会社経営も認められているのだが、私がたまたま関わった「グループホームR」が有限会社の運営であることで、私が長年勤めた社会福祉法人運営の特養との微妙な違いを感じたのも率直なところである。

(三) 利用者サービスの向上

S氏の母上は職員からいかにも大事にされ、皆さん笑顔でしきりに声を掛けていた。ときどき見えるS氏はいつも穏やかな表情で母上の傍に腰掛けておられた。母上は次第に恐怖感も失せて心穏やかな表情になり、初夏の頃には周囲に関心や興味を示されるようになった。そして初秋には要介護度も元の2になられた。

フロアで日常の行事や楽しみが少ないように感じ、五月から一誠会で行っていた書道と私の尺八伴奏によるコーラスをそれぞれ月二回行った。書道ではお馴染みの季節の言葉や格言の手本を自宅で書いて用意し、皆さんにその言葉を思い出すようにして書いて頂いた。ただせっかくの手本を最初から半紙の下敷きにして上からなぞって書く方がいて、すぐ汚れて使いものにならなくなるのには閉口した。「これ、止めましょうね」と言っても駄目であった。ということで毎回消耗品のように多くの手本を自宅で用意することになった。

尺八は都山流《とざんりゅう》準師範の余技としてだが、これも歌詞を自宅のパソコンで用意し、尺八伴奏で懐かしの唱歌や歌謡曲を歌った。無理かなと思う歌も、前奏を聴くだけでつられるように歌われるのには感心したものである。ときどき一緒になるS氏も私の傍で腰掛けて聴いておられ、「回想法」というこれを行う趣旨もお話しした。少々キザだが、このことについての私の介護短歌を紹介させて頂く。

デイルーム　利用者コーラス　ナツメロに　自分史重ねる　戦後歌謡史

五 Rの今後への希望、そして退任

職場研修や運営会議が行われ、コーラス、書道では職員も手伝いながら一緒に楽しみ、社長、常務も度々顔を見せて全体に風通しがよくなったようであった。そして職員の皆さんが素直で、機会さえあれば学ぶ意欲があること、そしてそのような若い職員がRの貴重な財産であることを思った。

そしてそのような職員の意欲に応え、それを伸ばすのが管理・監督者の役割であり、私が細やかながらそのための苗を植えたことで、それが根付いていくことを期待した。文化を英語でカルチャー（耕す）と言うが、共に耕し豊かな土壌にしていくことで、グループホームとしてのRの生活の文化が豊かになっていくことを思った。

私は一年勤めて予定どおり平成二十七年三月末に退任した。S氏は卒業式と学年末が重なる三月は超多忙で、残念ながらお会いしてご挨拶する機会は持てなかったが、S氏の母上は半年でほぼ回復して穏やかな表情になられ、「R」については私なりに以後のレールを敷いたことで、お約束の件は一応果たせたと思う。

S氏の母上には頬を両の手で包むようにしてお別れの挨拶をしたが、そのときの柔和な笑顔は今も印象に残る。心穏やかな長寿をお祈りするのみであった。そして長きに及んだ私の職業生活を、「グループホームR」を最後に終えたのである。

第二部　偕楽園ホーム広報紙「黎明」

平成十九年十月号

恒例の夏祭り　利用者パワーを発散

八月最後の土曜日の夕方から恒例の夏祭りを、ご家族、町会、ボランティア等大勢のお客様をお迎えしてホーム裏のさくら広場で行いました。

提灯や出店などの祭りの雰囲気のもと、皆さん浴衣姿でリラックスし、あちこちで会話や笑い声の花が咲きました。食事係による屋台の料理に食欲を発揮されるのもハレの日ならではのこと、ご家族に囲まれた利用者の姿はほほえましいものでした。

町会婦人部の皆さんと一緒に踊りの輪に入って踊る利用者さんが例年になく多いようでした。集団リハビリの延長で行った「富士の山」「炭坑節」の合唱は職員のギターにのり、全参加者の声が一緒になってさくら広場から山あいに思いのほか響きわたりました。

関東唐獅子の皆さんによる豪快な和太鼓と威勢のよい獅子舞には沢山のパワーを頂き、最後は矢継ぎばやに夜空を彩る打ち上げ花火と瀑布さながら横に広がる華やかなナイヤガラ花火で、往く夏を惜しみながら祭りの宵を終えたのでした。

町会長さんも「皆さん本当にお元気ですね」と感心され、「町会の盆踊りにもっと沢山参加して頂ければ……」ともおっしゃいましたが、偕楽園ホーム利用者のパワーが確実に上がっていることを実感した今年の夏祭りでした。

平成二十年十月号

看取り介護でお送りして

ある日の早朝、点滴などもして何日も頑張られた九十七歳の女性の方が、何人ものご家族と職員に見守られながら安らかに永久《とわ》の眠りにつかれました。翌日玄関ロビーで十人程のお身内の方、そして多くの利用者、職員が、厳粛な雰囲気のなかでお花入れの儀を行いました。参列のお一人おひとりが花を手向けながら、眠るようなお顔に声を掛けて手を合わせ、最後にご遺族にご挨拶を頂き、玄関前で車が見えなくなるまで手を合わせてお見送りしました。ご遺族と思いをひとつにできたとの実感は、職員としても介護冥利につきます。「看取り介護は究極の介護、終わり良ければ全てよし」というのは少々オーバーかもしれませんが、率直なところその都度思うのです。

数日後ご遺族から頂きましたお手紙をご紹介させて頂きます。

――最期を迎えるまでの職員の皆様それぞれの立場での丁寧な診療と看護・介護は、私たちの胸に沁みるものでした。そして皆さまからお別れのお言葉を戴き、どんなに母が喜んでいたことかと感謝いたしております。出棺の際には多くの方とお別れが出来ましたことは、全て皆さまのご協力があって実現出来たこと、本当に有り難うございました。

葬儀社の方にも「日曜日にもかかわらず多くの方々のお見送りを受けられ、お幸せですね」と言われた際には、母は本当に幸せ者と感謝いたしました。

お礼をどのようにお伝えすればよいのか…いろいろと考えましたが、やはり素直に私どもの気持ちをお伝えすることを母も望んでいるのではないかと…まずは書面にてお礼を申し上げます。長い間お世話になり、本当に有り難うございました。

ご家族のお便り

私たち職員は世のため人のためという仕事の意義をハートで感じ、やりがいにしているところがあります。そのような気持ちに一層させて頂くN・M様のお便りをご紹介させて頂きます。

N・M様

私が入所申込みで偕楽園ホームに伺ったのは二月三日、節分の日でした。豆まきが終わったあとのお掃除をされているときでした。一階の喫茶室の所でケアマネージャーのTさんにお話を聞いて頂いているときに、青鬼に扮した男性職員の方が後ろを通り、車いすの利用者の方々が楽しそうにそのあとについて談笑している声が印象に残りました。アットホームなとても良い雰囲気でした。

「義母の老後は私達がみる」と覚悟を決め、少し認知症のある義母を引き取り同居して三年、症状の進む義母の様子に、このまま無理をしていたら共倒れになってしまうと心配してくれる親戚の人たちの助言もあり、ショートステイなどを利用してみて、家族が抱え込むよりも他人様《ひとさま》のなかに居た方が義母も楽な気持ちで生活できるのでは……ということに気付きました。そして入所できるなら少しでも義母にとって良い所をと、八王子の施設をいろいろ見て回りました。そして幸運にも偕楽園ホームから声をかけて頂いたのです。

入所時要介護4だった義母が今は要介護度3に回復し、以前には考えられないほど元気になりました。これも職員の皆様のおかげと心から感謝しています。日々の生活では職員の方が手を焼く場面も多くあるのではと思いますが、どうぞよろしくお願いいたします。

里山の中にあるホームに面会に行けば、穏やかに日々を過ごしている様子の義母に会えます。インターネットのホームページで行事食の写真を見る度に、義母にとっても家族にとっても、最良の選択であったという確信を持ちます。

施設介護から在宅介護へという流れは全く逆行していると感じます。私が仕事に専念できるのもホームの皆様のおかげです。偕楽園ホームには若く使命感のある職員の方々がいて下さり、有り難く思っています。長年、毎週勉強会を続けてこられている施設長様のご努力の賜《たまもの》と思います。お送り頂く内容の豊富な「黎明」はとても参考になります。

一利用者の家族として、偕楽園ホームが一層「選ばれるホーム」であることを願っております。

平成二十一年一月号

ご家族のお便り

いつもご夫婦でお出でになり、いとおしい雰囲気でのご面会に私たち職員もほのぼのとした気持ちになります。そしてホームにお寄せ頂く信頼を有り難く思います。

N・S様

偕楽園ホームから届く「黎明」で叔母の写真を見つけ、笑顔で元気に暮らしている様子に、家族皆で大変嬉しく思っています。

長年一人で暮らしていた叔母が体調悪く動けない状態になり、急に我が家で暮らし始めるようになりましたのは、私が乳がんの手術をして退院をした翌日からでした。一人暮らしで困り果てた叔母が頼りになるのは我が家だけでしたので、私も家族も皆、叔母に安心して生活してもらいたいとの思いから一緒に生活しようと決めたのでした。

とはいっても術後すぐの私にとって、全く動けない叔母を介護するのは大変でした。しかし心優しい叔母は自分が介護されながらも常に私の体を気遣い、私に心を寄せて下さったので、初めての一緒の生活とは思えないほど、お互い昔のお話をしたりしました。そして私たち家族が知らなかった叔母のことや、亡くなっている姑の話を聞かせてくれたりしました。

二世帯で暮らしている孫も一緒に折り紙をしたり、絵を描いたりとなごやかに暮していたこともあり、叔母の状態は初めて我が家に来たときには考えられないほど良くなりました。

しかし私の体調は良くなく動けなくなることもしばしばで、これからどうしたらよいのか困っていたとき、病院の先生からどちらかのホームにお願いすることも大切なことではないでしょうかと教えて頂き、主人とともに何軒かのホームを見学させて頂きました。

私たちにとって、はじめはホームにお願いするということは何かいけないことをしているようにも思われ、なかなか決心がつきませんでした。そして叔母が気持ちよく楽しく暮らせるところ、一人の人間として尊重され、心の自由を味わえるところ…そんなところを求めて探していたところ、こちらの偕楽園ホームに出会うことができました。私の体調が悪いので主人と息子にホームを見学してもらい、事前面接に来て下さった職員の方のお話を聞かせて頂き、こちらなら叔母にとっても、私たち家族にとっても安心できると思い、入居を決心したのでした。

入居後叔母に会いに行きますと見違えるように元気で顔のツヤも良く、こちらでの生活に間違いはなかったのだと思いました。私の体を気遣ってくれていた優しい叔母がいつも穏やかに生活している様子でいるのは、家族としてこの上ない喜びです。偕楽園ホームの皆さまが一人ひとりのお年寄りを本当の家族のように尊重し、あたたかく触れ合って介護して下さっているたまものと、深く感謝しお礼申し上げます。

これから寒さも増してきますが、どうぞ皆さまお体に気をつけて、いつまでもあたたかいぬくもりのあるホームであり続けて頂きますよう、切に希望いたします。

加住小五年生の皆さんとの交流

十二月、近くの加住小学校五年生四十二人の皆さんが今年度二度目の訪問交流で来園し、学芸会で発表した演劇をホームの皆さんにもということで披露して下さいました。学校を舞台にしたややＳＦ風ともいえるコーラスあり舞踊ありの群像劇に、利用者の皆さんも感激ひとしお。

今の学校の雰囲気が伝わってくるドラマでした。引き続いての交流では、元気一杯のコーラスや踊りが笑いのなかで次々に繰り広げられたのでした。

後日担任の先生から、「お年寄りとの交流が生徒たちの心が成長するうえで良い機会になっています」とのお手紙とともに、生徒さん全員の「偕楽園ホームの皆さんへ」との文集を頂きました。いずれも交流の楽しさが伝わってくる内容ですが、その中のお二人のお便りを紹介します。心の通った交流が続けられていますことを幸いに思います。

交流のとき、お手玉や紙風船などで遊びました。紙風船は何回もつづき、一番楽しかったです。コーラスではいっしょに歌ったり泣いている人もいて、とてもうれしかったし感げきもしました。

歌を教えてもらったおばあちゃんがいて、知っている歌もあったけど、知らない歌も教えてもらってよかったです。そのなかで気にいった歌は「母さんお肩をたたきましょ」でした。帰るときなみだをふいているおばあちゃんもいましたが、ぜひまた行きたいです。

みんなで作ったおり紙のプレゼントは気にいってもらえましたか。歌は「もみじ」と「ビリーブ」を歌いましたがいかがでしたか。ソーラン節おどりもひろうできてすごくうれしかったです。太朗さんや花子さんと話して、二人が笑うとこっちまで笑ってしまいました。花子さんは笑いすぎて涙していましたね。花子さんが大正生まれだなんてビックリしました。

また偕楽園ホームにぜったい行きたいです。

平成二十一年七月号

わらべ歌クラブのご紹介と伊藤涼子先生のお便り

わらべ歌クラブは「センター元気」による出前のクラブです。その「センター元気」の正式名称は「八王子市高齢者活動コーディネートセンター」と言います。地域福祉に関わる活動をしているボランティア団体ですが、その一分野として、登録している高齢者の方々が長年培った音楽、絵画、朗読、郷土史等の知識・技能を発揮し、高齢者等の団体と交流しながら、皆さんの生活の活性化や地域参加を進める活動をされています。

わらべ歌クラブといっても歌うのはナツメロ、今風の演歌、唱歌等さまざまです。そして毎回の最後は、誕生日を迎えた利用者を「ハッピバースディトゥーユー」の合唱で祝って拍手で終えるのが定番です。毎回三十五人以上が参加する盛況ですが、これも伊藤先生のエネルギーあふれる歌の魅力と、皆さんを引き込むピアノ弾き語りの話芸によること、まさに名前どおり「元気」を頂く音楽療法でもあります。

伊藤先生よりの心温まるお便りをご紹介します。

センター元気　伊藤涼子先生

皆様と一緒に唱歌やわらべ歌を歌い始めて、早くも六年になりますね。いつも楽しみに待っていてくださる方々がいらっしゃると思うと、私たちも「がんばらなくっちゃ」と元気になります。初めは私一人で伺っていましたが、現在はお手伝いをしてくださる方三人と、本当に楽しくボランティアさせて頂いております。

歌い始めると担当職員の方がギターで伴奏をつけてくださったり、その月の誕生の方や伺う日が何の日か調べてくださったり、歌詞カードを作ってくださったりとお心遣い頂き、感謝で一杯です。また偕楽園ホーム様とは、センター元気企画イベントの「明治・大正・昭和の歌の会」や、今年から始めた作品展にもご一緒頂き、沢山のご縁が持てますことも感謝いたしております。

入居の皆様の中には歌いだすと踊りだしたり、指運動を間違えながらも楽しそうにしてくださったり、大きな口で精一杯歌ってくださるご様子に、豊かな広い心と、人生の先輩に失礼かと存じますが何か幼子のような愛しさを感じております。

私は三十年ほど、小学校で音楽を教えておりました。この間に可愛い子供たちから、むしろ私のほうが沢山のことを学び、声も心も鍛えられました。偕楽園ホームに伺うようになって、人は人生が勉強としみじみ思うこの頃です。

人生の先輩たちから沢山の優しく温かい宝物を頂いております。月一回ではありますが、これからも自然体で皆様と共に健やかな時が過ごせますよう、そして沢山の宝物に少しでもお返ししていけますように、頑張りたいと存じます。

「喫茶いこい」の紹介と春垣マスターのお便り

ホームでは毎日三時半から四時半まで、一階ロビーでおなじみの「喫茶いこい」を開いていますが、昨年十二月からはH・Tさん（ペンネーム）がボランティアでマスターをして下さっています。

メニューはコーヒー、紅茶、昆布茶、ビールに日本酒、たこ焼きにシュウマイ等、並の喫茶店以上、そして春垣さんもコーヒー好きで、お年寄りに合ったソフトなブレンドはなかなか好評です。また書かれる文章には、長年の高齢者福祉施設管理者で培われた見識が窺われます。

その春垣さんのお便りをご紹介します。

喫茶いこいマスター　H・T様

春真っ盛り。今年は例年になく季節の移ろいが早く、季節の変化を景色が追いかけている感じさえします。道すがら、連翹（れんぎょう）・卯の花が咲き乱れ、そこに昨日まで桜が咲いていたかと思えば、もう「はなみずき」が咲き、周囲にその貧弱な姿を晒（さら）していた緑とも言えないほど幼かった緑は、日に日にその佇《たたず》まいを改めてその鮮やかな姿で次の季節を迎えようとしています。

この度偕楽園ホームで「ホーム喫茶」を手伝うことになりました。何分にも不慣れで戸惑うことばかりですが、どうぞ皆様のご指導、ご鞭撻を願いあげます。

先ず最初、この施設に足を踏み入れたときの第一印象は、何とない温かさと、出会った職員の方々から感じられたそれなりの整然とした動きでした。居合わせた利用者の方々の印象も明るく、穏やかにお見受けいたしました。このあと、一見この静かな流れのなかで、施設が「看取り介護」にも取り組んでおいでと伺ったときは、少々の驚きと共に、これは医療スタッフの充実した下支えと「施設の底力」を感じさせるものでありました。

今までに幾度か「施設づくり」という言葉を耳にしたことが有りますが、私は「施設づくり」は「まちづくり」だと思い、この「まちづくり」は「コミュニティづくり」だと思っています。施設はひとつのコミュニティとして、他の様々なコミュニティと複雑に重なり合いながら、日本の果て、世界の果てまで開かれています。

コミュニティには「広がり」と共に、大切な「分厚さ」が有りますが、施設をコミュニティとして見直してみると、その構成員の範囲はご利用者、職員のみに止まらず飛躍的に拡大し、利用者の家族・職員の家族・ボランテァ・地域住民・出入り業者の方々等を含めた、施設に関わる全ての方々に及びます。そのコミュニティを育てるのは構成員一人ひとりの努力であり責任です。

また「コミュニティはひとを育てる」と言います。明るい笑顔で楽しく明日を語れる、そしてお互いを大切にして「皆が活き活きと」生きる、そんな「まちづくり」を皆様と共に夢みて、これからも成長を続けたいと思います。

私のつくる一杯のコーヒーが、或いは一品が、若し皆様の「安らぎ」と「明日への希望」、そしてより充実した「まちづくり」に繋がって行けるならば望外の幸せに思います。

どうぞこれからも一層の、喫茶「いこい」のお引き立てをお願い申し上げます。

地元大学との交流（杏林大学・創価大学）

五月に同じ宮下町にある杏林大学ブラスバンド部の学生さんが顧問の先生と一緒に来園し、紅白幕を張った一階ロビーで、懐かしの唱歌などおなじみのメロディーを演奏して下さいました。そして入所の皆さんも配られた歌詞カードで合唱し、若い学生さんとの交流を楽しんだのでした。

杏林大学健康福祉学科からは昨年度から実習生を迎えています。また介護についての先生の著書を頂き、職員研修の教材にもさせて頂いています。福祉を実践し学ぶお互いの縁をこれからも大切にしたいと思います。

毎年敬老の日の前頃には、隣町にある創価大学の日本舞踊部の皆さんが定期便のようにみえ、あでやかな和服姿で素敵な舞を披露して下さいます。舞の後は会場のお年寄り全員と握手をして別れを惜しむのも毎回の感動の情景ですが、学生さん達がこの訪問交流の機会を大切にし、心配りを十分考えて来られていることに毎回敬意を感じています。

入職一年を振り返って

介護係　Ｈ・Ｈ

私が介護の仕事を始めて一年が経ちました。この一年を振り返り、面白いことや嬉しいこと、反対に嫌なときやつい怒ってしまうなど、いろいろなことがありました。

福祉専門学校で実習をしてきて、老人ホームでのお年寄りの生活を見たり話を聞いたりしていたので、最初はさほど不安もなく、楽しくやっていけるだろうなと気楽な考えでいました。しかし実際に仕事としてやっていくと、一つ一つのことに常に責任を伴い、次第に大変になってきました。そして気持ちのうえでも、いつも業務にかかりっきりという状態になっていきました。

そんななか、お年寄りの方達との会話が少なくなってきているような……と思いながらも、今はこれでいいのかな?と、先輩に尋ねることもなく、今思えば黙々と仕事をしていたように思います。

そして半年位経った頃、自分の受け持っているお客さまが酷《ひど》い腰痛になり、体調を崩してしまうことがありました。腰の調子がなかなか良くならず、良くなる具体的な方法も見つからず、専門学校の教科書で調べてもなかなかわからないので、職場の先輩にどうすればいいのか尋ねました。そしたらその先輩は「完全に治すのは難しいけど、腰の痛みのことばかりではなく、そのお客様が少しでも楽しく笑っていただけるようなことをすればいいんじゃないのかな」と教えてくれました。

それからはお年寄りの方と話したり、時には冗談を交えたりと、周りから見たら普通に見えそうだけど、仕事をしていて今楽しいなと思えるようになってきたように感じました。

忙しいときや苦手だなと思うこともあり大変ですが、何かや誰かを好きという気持ちをもってこれからも勤めていきたいと思います。

平成二十一年十月号

人生に関わる援助ということ

施設長　佐道 保彦

当然ながらお年寄り一人ひとりには長年にわたるかけがえのない人生（生活史）がありますが、その過ぎし日への思いは晩年になるほど強くなるとはよくいわれることです。そしてその人生に関わる援助は、ご本人にとって日々のお世話ということとは異なる、大きな意味があることもあります。

この十月にAさんのお孫さんが結婚式を挙げられましたが、Aさんの担当ワーカーはAさんからお孫さんのことを聴いていたこともあり、要介護度が精神面を含めて中重度ともいえるAさんの結婚式出席を介助するため、礼服姿でホームからの送迎を含め、結婚式場、披露宴、そして最後までAさんに付き添わせて頂きました。そしてこのことはお孫さんと新婦、ご家族と親戚をはじめ参列の皆さんに大きな感動を呼びました。

翌日、式に出席した皆さんが「これから長野に帰るので」とホームに寄られましたが、皆さん異口同音にワーカーへの感謝の言葉とともに感激を話され、Aさんも前日の雰囲気の流れで皆さんに「○○チャン」などと笑顔で声を掛けていました。このワーカーは前号の黎明で「入職一年を振り返って」を書いたHワーカーです。

身寄りのないBさんは、ご自身のお体の弱まりとともに亡き両親への想いがつのり、毎月のように職員の介助で港区三田のお寺に墓参りに行きました。そしてBさんは今、その苔むすお墓でご両親とともに眠られています。

少し前、職員が数十年別離状態であった利用者の肉親を探し出し、再会を果たして双方とも「人生を取り戻しました」と大変喜ばれたことがありました。

その人に関わるとは、時にはその人の「人生」にまで視野に広げてお世話することでもあるのです。

排泄委員会の仕事

排泄委員会

排泄は食事・医療と密接に関係しており、従って排泄委員会は介護係、食事係、看護係により構成されています。また排泄用品を契約しているユニ・チャームメンリッケの担当の方にもアドバイザーとして参加して頂いています。

排泄委員会の業務は、排泄用品の在庫管理と発注、トイレ誘導表・排泄表の作成と更新といった実務的なことから、利用者の身体機能の変化に応じた新たな対応のこと、排泄に関してのその他係との調整といったことまで、多岐にわたります。

当然ですがトイレで排泄できる方はトイレで排泄して頂きますが、そのためには利用者一人ひとりの排泄パターンを把握することが必要です。例えば一般的には朝食後に排便される方が多いのですが、そうではない方もおられます。排泄時間や排泄量は各人各様違っており、より快適な排泄をサポートするためには個別的なケアを行うことが必要です。排泄委員会では日頃の排泄状況、過去の排泄記録や定期的に行う尿量測定等によって、身体機能、尿意・便意の有無、尿意・便意を感じる時間と排泄量の把握に努め、それぞれの方に応じたトイレへの誘導時間の設定、そしてポータブルトイレも含めた座位での排泄の検討を行います。

また身体機能面や体力面でトイレでの排泄が困難な方にはオムツを使用しますが、当然ながらできるだけ不快さを軽減する配慮をします。本ホームではオムツは排泄量に合わせて四種類から選択するようにしていますが、このことで必要以上に厚いオムツを当てることによって生じる蒸れ等を原因とするスキントラブルや、褥瘡を予防するようにしています。一人ひとりのその時間の排泄量に合わせてオムツを選ぶのです。

前述のように排泄は食事・医療と密接に関わりますが、例えば加齢による身体機能の低下や処方薬の副作用、運動不足等により、高齢者は便秘に陥りやすくなります。そして便秘を放置すると糞便閉塞や腸閉塞などの障害を引き起こすケースもあります。当委員会は快適な排泄をサポートするとともに、毎日記録している排泄表を基に、看護係や食事係、機能訓練係と連携をとり、排泄を要因とする障害の予防に努めています。

食べることと排泄することは人の生活の基本です。食べなければ生きることができませんし、排泄しなければ食べることもできません。この二つが適切に行われることは快適な生活の基本です。そのために当委員会は、これからも一人ひとりのより良い排泄ケアに努めて参ります。

高輪会「訪問歯科　サンフラワー」スタッフご一同様のお便り

協力歯科医療機関の高輪会訪問歯科「サンフラワー八王子歯科」さんには毎週の訪問診療及び折々の夜間に及ぶ職員研修等でお世話になり、お陰で本ホームの口腔ケアは近年格段に向上しています。そのスタッフの皆様から頂いたお便りをご紹介します。

「訪問歯科　サンフラワー」スタッフご一同様

「口」は人にとって呼吸器・消化器の始点としての器官に留まらず、「味わう喜び」「会話を楽しむ」「容貌を美しくする」など、さまざまな機能を備えた「しあわせ」の器官です。さらに口腔機能は、高齢者の生活の質と健康を維持する重要な役割を担っています。

「口腔ケア」には、歯・粘膜・舌などお口の中を清掃し、細菌を減少させる器質的口腔ケアと、舌や唇などの機能を高め、栄養摂取状況の改善や誤嚥防止を目的とする機能的口腔ケアがあります。そして口腔ケアにより誤嚥性肺炎の発症を減少させますが、さらに最近インフルエンザにおいても口腔内の細菌がウイルスの増殖を促し、感染を促進して病状を重篤化させると言われます。そのためにも口腔ケアがますます重視されているのです。

私どもサンフラワーでは毎週火曜日に偕楽園ホーム様に訪問し、現在入所者の半数以上にあたる約六十人の口腔管理をさせていただいております。そして個々の口腔内の状況を把握したうえで目標を作り、職員の方と連携を取りながら適切な治療と専門的口腔ケアを行い、口腔環境の改善及び口腔機能の向上を目指しております。

皆様の「しあわせ」と「生命」を守るお手伝いができることは幸せなこと、どうぞこれからもよろしくお願いいたします。

暁月めぐみさん　感動の歌謡ショー

九月の午後、紅白幕を張り巡らせた一階ロビーで、函館の歌姫ともいわれる暁月めぐみさんをお迎えして歌謡ショーが開催されました。暁月さんはご出身の函館市観光大使としてもご活躍で、最近「ペルーの花嫁」「悲しき豆満江《とまんこう》」などのＣＤを出され、演歌からポップス、バラードなどにジャンルを広げられています
真っ赤なドレスでにこやかに現れると舞台に大輪の花が咲いたよう。そしてトークを交えておなじみの美空ひばり、笠置シヅ子などのナツメロから暁月さんの新曲まで次々歌われました。舞台を縦横に手拍子をとってリズミカルに、また心に染み入るようにしっとりと、そしてフロアで皆さんの間に入り握手をしながら歌われましたが、将にプロの歌唱力と芸の魅力に堪能したのでした。

今回新谷先生（法人参与）の紹介で来訪され、「施設訪問では毎回皆さんからパワーを頂きます」とおっしゃっていましたが、ホームの皆さんにも大きな感動を残されたのでした。

平成二十二年一月号

加住市民センター文化展に参加して

施設長　佐道 保彦

地元加住市民センターで開催される市民センターまつり文化展は、地域の文化祭として毎年文化の日の前後に開催されますが、書道、絵画、写真、華道、彫金、カメラのコレクション等、多彩でレベルの高い展示には毎回感心します。

文化晴れのもと利用者の皆さんと見学に訪れ、まずは玄関ホールに飾られた丹精こめた菊の花に感嘆の声が、そして展示ホールでのレベルの高いさまざまな作品にはいつまでも見飽きない様子でした。

ホームからは三回目の出展で、今回は利用者さんが趣味で作られた手芸作品を出展しましたが、落ち葉、ヤクルト容器、牛乳パック等の廃品利用による手芸作品には感嘆の声が、そして若松神社のお囃子がホームを訪れたときの情景が写った広報紙「黎明」の表紙写真には町会役員さんから「励みになる」との声も頂きました。

お神輿、お囃子、お祭りの衣装やお面の展示を見ながら、町会長さんからひと頃顧みられなくなった季節・暦の行事を地域の伝統芸能として復活・継承してきた経緯をお聴きしましたが、かねてより多くの子供たちも参加してお囃子、獅子舞、踊り等が行われていることに感心していましたので、それもこのような取り組みがあってのことと承知した次第、地域の絆が強いことは熱心な消防団活動にもいえることでもあり、まさに伝統を絶やさない地域の底力です。

当ホームの基本方針には、「私たちは、地域社会への貢献と共生に努めます」の項もあります。そして「偕楽園は以前より格段に地域に開かれるようになった」とも言って頂きますが、このような豊かな地域風土に恵まれていることは本ホームの貴重な財産でもあります。

婦人会の皆さまとお料理会を楽しみました

食事委員会

食事委員会では地元婦人会の皆さまをボランティアでお招きし、利用者さん一緒にお料理会を行いました。メニューは豚汁とオニギリ。ワーカー以外に食事係にも加わってもらい、一階ロビーの調理設備を使用して、十数人の利用者さんと一緒にお料理をしました。

ホームでは利用者さんが料理をする機会はなく、最初は「上手に作れるだろうか？」「包丁で怪我をしないか？」等心配でしたが、いざ始めてみるとビックリ！　とても上手な包丁さばきにはもう脱帽です。今回参加の利用者さんは主婦歴が長いだけあって手馴れたものです。

職員や婦人会のボランティアさんが軽く説明しただけで、トントントンと非常に良い音が鳴り響いていました。出来上がりも上々、利用者・ボランティア・職員一緒に食べ、大満足の一日でした。

平成二十二年四月号

入浴介助大好き　そして誇り！

入浴担当主任　Ｙ・Ｍ

外国の老人ホームに比べて、日本の老人ホームで大変な仕事のひとつは入浴のお世話といわれています。日本は湿気が多いし、江戸っ子はお風呂が大好きでしたから、老人ホームでもそれを受け継いで入浴サービスを大切にしているのです。そのお風呂に安全で楽しく衛生的に入って頂くのが私たちの仕事です。

まず利用者さん一人ひとりをよく理解することです。不快感や入浴事故などがあってはなりません。それから入浴介助を通して利用者さんの皮膚などお体の状態をそれとなく観察します。また入浴中はいろいろな会話をしてリラックスして頂きます。入浴介助は一対一の貴重な会話の機会です。

入浴後は外介助の職員がきちんと整容し、洗髪した頭髪をドライヤーで乾かしたり爪を切ったりしますが、笑顔で「気持ちよかった、有り難う」と言って頂けるのが私たちにとってとても嬉しいことです。

私はこの仕事についていつのまにか十年をはるかに超す長さになりますが、文字どおり利用者さんと触れ合うこの仕事が大好きです。この仕事大好き気持ちで介助させて頂くことで、ときには冗談を言い合ったりして、利用者さんも楽しく入浴して頂けることと思います。仲間の皆さんも同じ思いで、しかもとってもまとまりのよい元気印ぞろいです。なにぶん一日中汗が吹き出る体力あっての仕事で、お昼はそれぞれ好物を持ち寄って午後の仕事に備えていますが、その旺盛な食欲には園長も感心しています。
私たちは入浴介助のプロ、晩行われる職場研修会にも出てフロアとの連携等を確認しあい、遺漏のないように努めています。これからも入浴パート一同、利用者さんの幸せと安全第一に頑張っていきます。プライバシー上私たちの職場を見て頂けないのは残念ですが、皆さんの見えないところで元気に明るくかつ細心の注意で頑張っていることを知って頂ければ嬉しく思います。

ご家族のお便り――親にとっての子　子にとっての親
家族懇談会の案内のご返事に添えられたユニークな文章をご紹介します。入所のお母様からしっかり繋がるご家族の絆が窺え、ほのぼのとした気持ちになります。

ご家族　K・A様
親にとって、子供はいくつになってもやはり子供であるらしく、子供が六十歳、七十歳になっても気がかりで、心配が絶えないようだ。曰く「仕事はうまくいってるの？　家族はみんな元気かい？　食事はきちんと摂ってる？」等々。
こちらはすでに七十歳近くになり、仕事をしているとはいっても嘱託だし、三人の孫がいる子供家族は給料日前になると食事代を浮かせにやってくる。年寄り夫婦の食事では猫ごはん位の量で充分足りてしまうというのに、やれやれ、親というものは！

しかしよくよく考えてみると、子供にとっての親も「またしかり」であることに気が付く。九十歳の親を目の前にして浮かんでくるのは、子育てに追われていたであろう頃の姿であり、元気に働いていた頃の姿でしかない。知り合いのお年寄りが八十歳代で亡くなったことを耳にしても、自分の親は、今日と同じ明日がまだ続くものと思って疑わない。

やれやれ、子供というものは！

親にとって子供はいくつになっても子供であるのと同じように、子供にとっての親もまた、幾つになっても親なのですね。順送りの人生であるなら、せめて親を追い越さずに、しっかり見送ってから逝きたいものと思っている今日このごろです。

貴ホームでは年間にいくつもの行事を催されていますし、定期的なケアプランの見直しなど、手間のかかる運営には頭が下ります。かつての「姥捨て山」的な老人ホームではなく、しっかり世間に門戸を開き、社会の一員としての活動を目指す姿勢には共感しています。

勤め先が土日営業で、家族懇談会等の行事になかなか参加できないのが残念です……。

終《つい》のお別れ　ご遺族のご配慮

四月ある日の朝、一月程入院されていたMさんが病院で亡くなられました。まだ亡くなって間もない十時頃、病院から自宅に帰られる途中のMさんがご遺体で、最後のご挨拶のためにホームに寄られました。そして一階ロビーで利用者さん、職員一人ひとりが、やすらかなお顔のMさんに声を掛けるなどしてお別れの挨拶をしました。

皆さんに見送られてホームを出られる際、ご遺族から「母は最後をこの偕楽園ホームで過ごすことができて本当に幸せ者でした」と身に余るご挨拶を頂き、私たちに深い感動を与えて下さいました。そしてこのようにお別れの機会をつくって下さったご配慮を、心から有り難く思ったのでした。

平成二十二年七月号

専門講師による職場研修会（二）―ポジショニングについて

ケアマネ係主任　T・K

昨年九月に介護用品業者の（株）サカイ・ヘルスケアーさんから講師のK先生と社員さんたちをお招きし、ポジショニングの専門研修を行って頂きましたが、今回その第二回をこの七月に、「褥瘡《じょくそう》予防のポジショニング」のテーマで行って頂きました。K先生は会社で専門職の仕事をしながら、都内の介護専門学校で教鞭を執っておられる作業療法士です。

褥瘡（床ずれ）は体重が集中する部位の骨と寝具にはさまれた皮膚組織が圧迫されて「血液の流れが悪くなり、皮膚とその下にある組織が死んでしまう外傷」のことです。皮膚への圧力とその時間の長さにより生じるので、自ら体を動かすことができず一定の向きで横になっていたり、痩せているような方、栄養状態の良くない方は特に注意が必要です。

予防には例えば二時間毎の体位交換、エアマット・体圧分散マット等の使用、そしてクッションを利用して姿勢保持をするポジショニング等を行います。半身麻痺や関節の拘縮があって体を思うように動かせない方には、クッション等をもちいて体を支える部分を広げ、圧が集中してかかる部位を減らすのがポジショニングです。

ポジショニングで難しいのが、利用者個々の身体状態に合わせたクッションの選択と、身体のどの部位にどうあてがうかということです。今迄それなりに行っていることではありますが、全職員がより専門性に基づく技法を身につけるように、褥瘡対策チームの提案で、前年度に続いてサカイ・ヘルスケアーさんに研修をお願いしたのでした。

昨年と同じく、K先生は特別参加でベッドに寝ていただいた利用者さんにやさしく話しかけ、職員も一緒に考えて進められたことで、実際的でポイントを押さえた研修になりました。何よりもポジショニングの大切さを実践的に理解できたのは大きな収穫でした。

有意義な資料を用意して下さり、二週続けて晩遅くまで何人もの社員の方にもご協力いただいたご厚意に、心から感謝申し上げます。

百年前の庭園で食事会

偕楽園ホームから少し歩くと小さな森があり、その先を抜けると百年の月日をタイムスリップします。そこは森が背景の広い庭がある旧家の三橋さん宅、縁側と茶室もあります。

そんな場所で昼食会を開きたいと三橋さんにご相談しましたら、「園長さんからもお話がありました」と二つ返事でご快諾、早速五月の晴れた日、大挙約三十人の利用者さんによる三橋家昼食会を開催しました。

事務室職員も総動員で、利用者さんは数人ずつ車いす等でぞろぞろ移動し、数卓のテーブルと椅子、お弁当、お茶などは車でピストン輸送しました。お庭では草木に触れ、歴史を感じさせる蔵と広いお屋敷に昔の生活を偲びつつ、普段感じることのない穏やかな空間でお弁当を頂きました。利用者さんのご家族もお出でになり、おなじみの愛犬ジョンも一緒でした。

食後はずっとご一緒でした三橋さんご夫妻に隣接の新庭をご案内頂き、丹念に手入れされているツツジを観賞させて頂きました。

三橋さんには季節ごとの農園収穫のご招待も恒例です。この度は二時間余りの時間、利用者さんに百年を超える時空の旅をご提供下さいましたことを心から感謝申し上げます。「またどうぞお出で下さい」とのこと、ご近所の縁を本当に有り難く思います。

平成二十二年十月号

敬老祝いとお寿司の祝宴

敬老の日は老人ホームにとって一番のハレの日、その日にふさわしく一階ロビーには例年どおり紅白の幕と各方面からのお祝いの色紙が飾られ、お祝い会が開催されました。

まず法人創設者の新谷参与と鈴木法人理事長からお祝いの挨拶があり、続いて百一歳・百寿・白寿・米寿・喜寿など、長寿の節目を迎えられた皆さんに鈴木理事長からお祝いの花束が贈られました。更に百歳を迎えられた赤羽よね子さんには菅総理大臣・石原東京都知事・黒須八王子市長から届けられた祝い状及び記念品が新谷参与から贈呈され、皆さんの拍手で祝いました。

続いての祝宴では例年どおり新宿の寿司辰さんにより、出張握り寿司が振る舞われました。これは寿司辰さんと新谷先生の縁で始まったのですが、それが本ホーム開設の昭和五十五年以来一度の休みもなく、ボタンティアで三十年続いてきたのでした。ただ利用者の嚥下機能低下の事情もあり、今回の三十年を区切りに休止ということになりました。そして理事長からの感謝状と記念品、利用者の創造クラブによる記念作品などを贈呈して、長年のご労苦へのホームあげての感謝の会にもなったのでした。

代表の村上さんとご家族のご厚意、それにいつもご一緒の築地の店長さんのご協力あればこその三十年ですが、「よくぞ三十年」は「世のため人のため」の強い志《こころざし》があればこそ続いたのでした。村上さんからは「そのうちまた来たい」とのご挨拶を頂き、皆さん一層の感銘を受けたのでした。

なお当日朝日新聞の取材があり、翌日の東京版に写真付き、「笑顔を励みに続けた三十年」の見出しで大きく紹介され、当ホーム発信の「よい話」として広く知られたのでした。

入浴委員会の仕事

入浴委員会

入浴は利用者さんにとって最大の楽しみの一つであり、その時間は一対一の個別ケアそのものでもあります。そして入浴介助ではプライバシーと安全に留意しながら、一人ひとりに信頼とやすらぎのひとときを過ごして頂くようにしていますが、入浴サービスがその趣旨で円滑に行われますように、入浴委員会を毎月開催して主に次のことを担当しています。
一　一人ひとりの入浴形態の検討
二　入浴リストの更新
三　入浴予定表、誘導表の更新と管理
四　入浴物品の点検、補充と管理

まず一の入浴形態はお客様の身体状況に応じて決めますが、日々の体調等に応じて臨機応変に変更もします。また新入所・ショートステイの方は、サマリー（看護要約）を基にご本人の状況を確認して行います。

当ホームに浴槽が次の四タイプあることはそれだけ入浴形態の選択肢が多いことで、おおいに誇れることです。その入浴形態を決める目安はおおむね次のとおりです。

●個人浴―歩行可能な方、車いす使用者でも手引き歩行であれば歩行が可能な方
●リフト浴―車いす使用者で歩行は難しい、でも立位・座位保持は可能な方
●チェアインバス（いす式）―立位は困難ですが座位保持はある程度可能な方
●キカイ浴（ストレッチャー浴）―全介助の方、体調等により二人で介助する方が安全と認められる方

病状等でいずれも困難な方は、全身清拭になります。

男女別を含めて入浴形態の人数を調整しながら、二の入浴リスト及び三の入浴予定表・誘導表の更新をします。

四の入浴の物品管理は、タオル・長靴・入浴介助用エプロン等の購入・管理を行います。

入浴は安全衛生及び感染症予防上の配慮も重要です。そして安全上細心の注意が必要です。浴室では笑い声が絶えませんが、入浴介助は心身ともきつい仕事で、職員も（特に夏は）元気でないと務まりません。

今後も皆さまに安全で快適な入浴でありますよう努めてまいります。

平成二十三年一月号

専門講師による職場研修会（二）―シーティングについて

ケアマネ係主任　T・K

毎週行っている職場研修会で、今年度七月に続いて二度目、昨年度からは三度目ですが、サカイ・ヘルスケアーさんから作業療法士のK先生とその他社員さんにお出でいただき、今回はシーティングをテーマに学びました。

シーティングは介護の分野でも比較的最近重視されているのですが、簡単に言うと椅子や車いすに腰掛けるときの姿勢の整え方のことです。

私たちは椅子に長時間座っていると、姿勢を崩したりして楽な姿勢をとろうとします。しかし半身麻痺の方、身体の筋力が衰えている方は、自身で安定した座り方を保つことが難しくなります。ずっこけた座り方や横に傾いてしまうなどが見られ、身体を支える部位が狭くなってそこにかかる圧力が強くなり、そのため苦痛が増して褥瘡の原因にもなります。それを防ぐため、例えば何分間隔でというように座りなおしをしたり、その人に合った安定した座り方を考える必要があります。

そこで今回の研修では、どのように車いすを選べば苦痛が軽減し、安定した座位を保てるか等について、理論的に説明を伺いました。そして日頃座位で悩むことの多いいくつかのタイプの利用者の方に研修に特別参加で協力していただき、お互い和気あいあいの雰囲気のなかで実践的な演習を行いました。

ご協力いただいたSさんは、普段車いすに座っているとき足が伸びきっている状態のため、決して楽とはいえない姿勢で座っています。それがK先生の手ほどきでリラックスした座り具合になったことは職員にも驚きでした。本人も「つらくないです。楽に座れています」とにこやかに話されていました。

この水曜日の研修会は定刻六時半開始ですが、K先生の研修会は演習等もあって受講する職員側も盛り上がり、毎回終了は九時過ぎになります。それもサカイ・ヘルスケアーさんあげてのご協力で、社員の皆さんも講師助手で手伝っていただいています。「私たちもやりがいがあります」とおっしゃっていただくのですが、本当に有り難いことです。

前回の研修は「ベッド上でのポジショニング」がテーマでしたが、お年寄りの生活をトータルに支える介護は、ますます多様な分野で高い専門性が求められています。ただ食事、排泄、入浴などのお世話をさせていただくだけでなく、高齢化に伴う新しい分野で実践的な技術や知識を身につけ、根拠（エビデンス）に基づいた介護を行うことで、利用者さんが快適に過ごせるようにしなくてはなりません。

当ホームで過ごしている方々も、ショートステイで迎える方々も介護の重度化がみられ、それも多様化して、ベッドでの過ごし方や車椅子に移ったときの過ごし方もデリケートな状態の方が多くなっています。

介護の知識や技術を学ぶとともに、車いすの適切な選定、そして車いす上で使用するクッション等の介護用品も活用しながら取り組んでいます。介護用品は決して安価ではありませんが、皆さんに必要なものとしてご理解いただければと思います。当ホームもこのことでの費用は惜しまない方針です。

平成十二年に介護保険が導入されて十年を過ぎますが、介護の歴史はまだ浅く、「きつくて大変な仕事」といった認識でとどまっていると思います。今後、「専門性が高くやりがいのある仕事」として認められる職種になっていけるよう、日々取り組むことが必要と考えています。

※追記　管理部からのお知らせ

前記の職場研修会を受けての検討で、最新タイプの次の備品等を整備することにしました。これにより利用者の皆さまが少しでも快適にお過ごしいただけることを願っています。

- 特殊車いす　マイティルト介助式&リクライニングタイプ（転倒防止パイプ付）　三台

●オアシス自走タイプ　三台
●センサーマット（徘徊コール・ナースコール端子形状アイホン）　五枚
●ジェル耐圧分散マット　五枚

美人になったかな？　メイクボラさんご活躍

毎月お出でのメイクボランティアさんが、今月も一階ロビーでお客様にお化粧をして下さいました。皆さんにお誘いすると「いく！」と積極的に乗る方と、「もう年だしねぇ」と渋る方もちらほら……。

「ためしにやりましょう！」と声を掛けて参加して頂くと、待っている間他のお客様がしていただいている姿をうきうきした表情で眺め、自分の番になると「お願いしまーす」と嬉しそうに席に着かれるのでした。やはりお幾つになられても、綺麗になるのは嬉しいものですね！職員としても皆さんが美しくなるのは嬉しいです。

そのことをご本人に伝えると照れたり笑みを浮かべたりで、ほほえましくもあります。これを機会に美に目覚め、生活の張りになれば、それもＱＯＬです。

このメイクボランティアさん、夏祭りでもご活躍！　浴衣に着替えたお客様にお化粧をして頂き、夏祭りに花を添えて頂いたのでした！

そのボラのＭさんから頂いたお便りをご紹介します。無償美容室でもあります。

シナリー化粧品　M・M様

こんにちは。月に一度メイクをさせていただいている、シナリー化粧品のM・Mです。

先日、九十歳の祖母にお化粧をしました。初めは恥ずかしがっていた祖母でしたが、お化粧が終わったらとても喜び、何度も鏡で見ていました。

お化粧には、明るく元気になる力があります。その周りにいる人も嬉しくなります。たくさんの人にこのような体験を通して喜んでいただきたく、七月から偕楽園ホームでボランティアメイクをさせていただいています。

毎月のお化粧が皆さまの活気ある生活の一部になり、喜んでいただけますよう努力してまいりますので、これからもよろしくお願いいたします。

フラダンスの花咲く！

秋の日の午後、市内でフラダンス教室を開いておられる新井節子先生と教室の皆さんがお出でになり、紅白幕の一階でフラダンスをご披露下さいました。先生が教室の皆さんを盛り上げるようにして、舞台一杯に南国の夜、ブルーハワイ、月の夜などをご披露下さると、利用者の皆さんも体を揺らしたり立ってふりをされたり……最後は皆さん青春の頃親しんだアロハオエで大団円になったのでした。

実はこの度踊られたお一人はご近所の安田さんで、安田さんのお話から教室の皆さんがご披露下さることになったのでした。ご近所の縁は本当に有り難いものです。

平成二十三年七月号

東日本大震災　気仙沼の福祉避難所への介護職員派遣に参加して

介護係　M・R

この度東京都高齢者福祉施設協議会派遣第十一陣の気仙沼落合保育所チーム（五月二十〜二十五日）に参加し、貴重な体験をさせて頂きました。

私は東日本大震災が起こったその時、自宅にいてテレビでその様子を見ていましたが、そのあまりの衝撃にただその画面を見ているのみでした。何か力になれればと思い、まずは献血と募金をしました。しかし直接支援に行きたいとの思いが強くなる一方で、ここで行かなければ悔いが残るとも思いました。しかし私自身の力では時間の確保や金銭面の問題で現実には難しく、とても歯痒い思いでいたところ、施設長から今回の支援派遣のことを聞き、この意思を伝えて参加させて頂くことになりました。

現地に着き、まず被害状況を視察させて頂きましたが、震災から二カ月以上経てなお、想像を絶する光景にしばし言葉を失いました。同時に復興に向けて尽力されている多くの方々の力強さに将来への希望も感じ、その勇気に感銘を受けました。

私が行った落合保育所はその名のとおり介護施設ではなく、高齢者向けバリアフリーとは無縁な建物です。そこで要支援（要介護より介護度がやや軽い方）の高齢者が仮住まいで生活していましたが、その管理は気仙沼市から応急の福祉避難所として運営委託されていた団体が行っていました。

二室の保育室をそれぞれ就寝スペースと食堂として使用していましたが、就寝スペースは男女同室で仕切りはありません。トイレはダンボールで仕切った簡易的な個室の中に共用ポータブルトイレを置いて使用し、元々ある和式トイレを使用できる方はそこを使用していました。これには危険な面や感染症リスクが生じると思われましたが、毎回便座を拭き取り、排泄物は度々処分して、最低限の対応は行えていたと思います。

入浴は訪問入浴車が来て、ごく限られた方は入浴出来ますが、燃料や人手の問題もあり、週に一度、数人だけの入浴でした。簡易なリフトで要介助者も入浴できていました。

食事はボランティアで来ていた日本栄養士会の管理栄養士さんが、受託団体が調達した食材からメニューを作成し、地元ボランティアの方が毎食交代で調理していました。レトルト食品が主でしたが、生鮮食品も次第に調達出来るようになってきたとのことでした。

介護施設としてみるとまだまだ不十分ではありますが、前例も何もないところから即席でここまでにしてこられたことに、これも地元と先陣の皆さまが積み上げてきたことなのだと感心致しました。

私たちの滞在期間中に新たに看護師が配置されましたが、皆さんで相談しながら利用者の服薬をより円滑かつ確実に行えるような管理体制を作れたと思います。また廊下と居室間の段差が危険な状態でしたので、ダンボールでスロープを作製して安全にしました。

第十一陣の落合保育所チームは理学療法士、介護福祉士（二名）、訪問入浴員という編成でしたので、いろいろな状況に対応出来たかと思います。他方で重介護の方がいませんでしたので、コミュニケーションの時間が比較的多く取れました。やはり震災のお話が主でしたが、自然や水田風景の美しい近隣を散歩しながら雑談をして、穏やかな時間も過ごせました。印象に残ったのが皆さまの笑顔で、このような避難所に来ることができて嬉しい、危ないところを助かったというお話をし、そしてボランティアに対して労《ねぎら》いの言葉を多々頂いたのが印象的です。

私事ですが、現在介護の職に就いて六年余りになりますが、今回の即席といえる、与えられた生活環境でメンバーと共に職務をこなせたことは、大きな自信になりました。他方で五日間という短い間でしたので、流れを掴み利用者とも交流が深まってきたところで終わってしまうことが寂しく残念でした。またいつか、利用者やそこで出会った方々に会いに行きたいと今でも思っています。そして今後も他の形であっても、復興支援に力を貸せるようなことがあればぜひ参加したいと思います。

夢のコンサートを楽しむ

風薫る五月、風のピアニストで知られる渡辺かづきさん、そして新進バイオリニストのＭａｉｋｏさんをお迎えし、一階ロビーで夢のコンサートが行われました。やわらかな旋律で人々の心を包み込む渡辺さん、そして穏やかな音色でメロディーを奏でるマイコさん、そのプロのお二人の演奏は利用者の皆さんを魅了したのでした。

最初に演奏された「ビーイング・ピース」では、「平和であれ」のメッセージが込められたメロディーに静かな感動が広がりました。

「ジェンカ」は運動会でも耳にするリズムダンスですが、最初スローリズムのピアノとバイオリンが次第にテンポアップし、利用者の手拍子がついていけなくなって終わる様子は、なんとも可愛らしく感じました。

かつてのヒット曲「バケーション」は、「夏は海　秋は山　冬はスキー」の歌詞で皆さん青春の頃を思い、さぞ懐かしかったことでしょう。当時歌っていた弘田三枝子さんは、今も渡辺さんたちと一緒に出演しているとのことでした。

クラシックの名曲「タイスの瞑想曲」は、渡辺さんのピアノ伴奏に乗ってバイオリンの美しい音色とうっとりするようなメロディーが、一階全体に響きわたりました。

「東京ブギウギ」は笠置シヅ子さんでおなじみでした。

最後はバイオリンとピアノで奏でるおなじみの「ふるさと」、皆さんの心に染みた演奏でした。

渡辺かづきさんは当ホーム職員との縁でお出で頂くようになり、昨年初めから今回で四度目です。それも毎回素晴らしいプロの共演の方がご一緒です。前回一月はケーナとサンポーニャ奏者の山下Ｔｏｐｏ洋平さんがご一緒で、「コンドルは飛んで行く」等で皆さんを魅了したのでした。

渡辺さんは「お金では買えない感動を皆さんから頂いています」とおっしゃり、毎回遠路をお出でになるのですが、私共こそホームにいて夢のような演奏を鑑賞させて頂き、心より感謝申し上げます。

オムツの当て方研修会を行いました

排泄委員会

オムツでお世話になっているユニ・チャームメンリッケのアドバイザーさんを迎え、六月にオムツの当て方の研修会を行いました。オムツを当てることはワーカーが日々行っていることですが、それをあらためて基礎から確認するために行ったのでした。

まず当ホームで使用しているオムツ、ユニ・チャームの「テーナ」をご紹介しますと、「テーナ」は世界の高齢者に使われていて吸収がよく、漏れが少ないことでお肌に優しいとされています。形はひょうたん型でお尻にフィットし易く、装着時に違和感が少ないように形取られています。尿量によりサイズが設定され、季節毎に一人ひとりの尿量測定をさせて頂いて、お客様に合ったものを使用するようにしています。

この研修会では実際にオムツを当てる側と当てられる側に分かれての体験もしました。両方の気持ちを理解することも趣旨のひとつでしたが、私は当てられる側にもなり、誰かに見られているというのはとても恥ずかしいもので、当て方の基本である「素早く丁寧に」は将にこのためと実感しました。

さらに排泄のメカニズム、尿や便に含まれる成分が人の肌にどういった影響を及ぼすか、当ホームに精製器が設置されている殺菌・消臭液のカンファ水による皮膚等への清潔保持の効果、そして利用者の方々の褥創予防や肌の健康維持への配慮のことを学びました。

排泄委員会では今後も排泄援助の向上に努めてまいります。

平成二十三年十月号

長寿を支える医療と看護

看護係主任　T・Y

今年の夏は湿度が高くてむし暑く、体調を崩される利用者さんもいました。特に震災による節電もあり、快適に過ごして頂くために生活環境を整えることや、脱水にならないよう水分・食事の摂取量を確保することに、職員は気を配っていたと思います。

当ホームの配置医は精神科医を含めて五人で、定例的には週に四～五日診療に当たっています。看護職員は六人で全勤務を早勤務と遅勤務にし、時間に応じた適切な対応をすることにしています。さらに夜間はオンコール体制で、夜勤介護職員の連絡を受けていつでも出動することを含め、臨機応変に対応することとしています。

協力医療機関は四医療機関と契約していますが、その他の病院とも協力体制にあり、いつでも通院・入院できるようにしています。

偕楽園ホームとともに併設の「グループホーム　初音の杜」を含む協力歯科医療機関である高輪会　八王子訪問歯科サンフラワーさんには、毎週火曜日にチームで来園して診療に当たって頂き、さらに診療を離れても、ホームの口腔ケア委員会に参加して専門的なご教示を頂き、毎年職場研修の講師をして頂くなど、口腔ケア向上に多くの協力を頂いています。

日々の業務として、朝夕の引き継ぎなどで利用者の体調を把握のうえ、体調不良の方はもちろん、変わりなくお過ごしの方も、週四回は配置医の診察を受ける体制をとっています。そして医師が必要と判断すれば、また看護師の判断により、昼夜を問わず直ちに医療機関に受診することとしています。こうした対応により、以前より急変するケースは減少しました。

またグループホーム初音の杜の利用者も、週に二回数人がホーム配置医の診察を受けています。医師が来園しない日や夜間に変わったことがあれば、偕楽園ホームの看護職員が対応する体制で、安心して生活して頂けるよう努めています。そのため看護職員は医師・介護職員と情報交換を密にし、利用者の状態把握を行うよう心がけています。医師である理事長が配置医の要《かなめ》でいて頂いていることは、私たちにとっても心強いことです。

特養では近年高齢化と重介護化が急速に進み、それに伴い嚥下機能や痰を喀出する排痰機能の低下がみられる方が増えてきました。そのため自身の痰や食事の塊により窒息につながるリスクも増えていますが、そうした際は間髪を容《い》れず速やかに吸引を行う必要があります。

ただ吸引は医療行為に当たり、医師・看護職員でないと行えないのですが、ただ特養では病院と異なり看護職員の二十四時間配置は困難なことから、この度厚労省の通達により、介護職員も看護職員による一定の研修を受けること、その他一定の条件整備により、口腔内吸引を行うことができることになりました。介護職員も吸引を行えないと、緊急状態の利用者の命は救えないことになります。

そこで当ホームでは七～八月に延べ四回、看護師総動員で全介護職員を対象にこの研修を行いました。また全ご家族から介護職による口腔内吸引実施について同意書を頂き、さらに介護職員による口腔内吸引が安全に行えるように、これに伴う諸問題を検討する医療行為検討委員会を設置しました。夜勤時間帯にも吸引が必要な利用者が度々生じるのですが、この実施については看護職と介護職で連携協働し、十分安全に行っていけるよう鍛錬していきたいと思います。

また嚥下困難などで栄養摂取ができなくなった方には、ご家族と相談して胃瘻《いろう》の方法で栄養を経管摂取することになります。そして本ホームでは常時十人近くの方が胃瘻をされていますが、この方々の医療処置も口腔内吸引と同じく、上記通達により介護職員も行えることになりました。ただこれの朝昼晩の安全な処置と見守りは看護職員の重要な役割です。

生活の場である特養の医療・看護は入所者一人ひとりの生活に寄り添うこと、そして介護係、食事係、機能訓練係、相談係などとのチームケア、さらに（歯科）医療機関等の協力を得て、入所者の自立した長寿を支える援助をすることが大切です。そして誰もが迎える人生の最後を、看取り介護計画に基づいてご家族・各職種とともに看取らせて頂くのは、お別れの寂しさとともに悔いのない看護ができたこと、そして「終わり良ければ全て良し」を実感することでもあります。

病院の看護職とは異なる面でのこのような生活の場での看護に、特養看護職としてのやりがいと醍醐味を感じるのが多くの施設看護職であり、偕楽園ホームの看護の皆さんもこの仕事にはまっているのです。

これからも看護職員として研鑽を積みつつ、利用者の皆さんと喜びも悲しみもともにする思いで、「安心・安全・愛情」の看護に努めてまいります。

介護を語る人間になる！

介護係　Ａ・Ｙ

福祉の専門学校を経て在宅サービスで三年半働き、偕楽園ホームに入職して間もなく二年になります。偕楽園ホームには専門学校の頃に実習でお世話になったこともあり、先輩方にも可愛がって頂いています。

福祉に携わり五年になりますが、常々感じることがあります。まず、福祉を志す若者が減少傾向にあるのではないかということ。私の卒業した専門学校は閉校し、他にもいくつかの学校が無くなったという話を耳にします。また、当ホームへの実習生もここ何年かで人数が減ったようです。

介護の仕事をしていて必ずといっていいほど言われることがあります。「介護やってるんだ！偉いね」。なんとなく違和感があります。私としては、介護も他の専門職となんら変わらない職業だと思います。メディアなどでは、将来就きたい職業は美容師が多いなどと耳にします。「美容師はかっこいい」というイメージがメディアを通して自然と若者に植え付けられていると思います。

一方で介護というと、「人手不足・低賃金」などとマイナスなことが先走ってしまうばかり、それでは福祉を志す若者も増えるどころか減るばかりです。「福祉はかっこいい!!」そう言われる時代がくれば、福祉を志す若者も増えると思います。

しかしどうすれば良いのかと訊かれれば、正直答えられないのが現状です。でも私自身福祉はかっこいいと思っています。「かっこいい＝見た目」ではありません。もちろん見た目も一つの要素ですが……。

人生の大先輩である高齢の方々の生活に携わり、人生を学ぶことができるのは福祉の醍醐味です。私が今までお年寄りから学んだことは「麻雀・花の名前・日本の伝統・戦争の話」など様々です。食べ物もなければ電化製品もない時代がありました。皆、知恵を絞って暮らしていました。どんな小さな事であっても、知らないことを学べるのは自分にとってプラスになりませんか？　いろいろなことを学び、それを自分の人生に活かし、語れたら……かっこよくないですか?!

もちろんきれい事だけでは成り立たないこともあります。しかし今回このような文章を書くキッカケを頂き、ふと考えてみた時に、単純に毎日を過ごしていては勿体ないと感じました。少なからず、自分の人生に活かせる様々なことを学んでいるのです。それに気付けるか気付けないかは自分次第。将来自分の子供・孫に自分の人生を語り、そして介護を語れる人間になれれば、間違いなくかっこいいと。

私はそう思います。

第二の人生　介護を目指す

介護係　Aワーカー

身内が急に倒れ、それまで縁のなかった介護がその日から身近なものになりました。献身的な看護・介護をして頂いた病院との出会い、意識の無い人でも表情が変わり、穏やかな顔になった姿を目のあたりにして、今まで経験したことのない感動が芽生えました。これがきっかけになり、介護にとても興味をもつようになりました。

介護が自分に「仕事として出来るか」不安があったため、平成二十一年冬より偕楽園ホームでボランティア活動を始めました。そのなかで、職員の皆さんの高齢者に対する知識や介護技術の奥深さを実感しました。私自身も正しい介護技術や専門知識を早く身につけたく、専門学校の入学を考えていたとき、園長より東京都の新しい制度の話がありました。それが今、私が利用させて頂いている「東京都介護雇用プログラム制度」です。この制度は特養で働きながら介護福祉士などの資格が取得出来る制度です。給与と学費等の資格取得費用は都の負担とされています。

現在私は福祉専門学校の二年生として学び、学校の休みには偕楽園ホームで働いています。久しぶりの学生生活で最初は戸惑いもありましたが、介護の学校には私のような社会人経験者も多く、今では楽しい学生生活を送っています。学校から行く他の特養の実習もとっても勉強になります。

来年三月には介護福祉士資格を得て卒業できる予定で、四月からは偕楽園ホームの職員として、利用者様の生活を支えたいと思っています。第二の人生に夢一杯です。

平成二十四年一月号

青春賛歌　懐かしの名曲を楽しむ

文化の秋の十一月、シャンソン歌手の青井亜登子さん、ピアノ伴奏の渡辺よしみさん、ギターとボーカルの斎藤利志昭さんをお迎えして、一階ロビーで懐かしい名曲コンサートが開催されました。

高峰三枝子、越路吹雪、ピアフなど往年の歌手を紹介しながら、「涙そうそう」「ハナミズキ」「わかって下さい」「りんごの唄」「湖畔の宿」等々。そして「サン・トワ・マミー」「ろくでなし」、「愛の讃歌」などのシャンソンの名曲がメドレーで紹介され、最後は「ふるさと」を合唱して大団円になったのでした。初音の杜を含む満員の利用者さんには、青春の思い出が詰まった玉手箱を開けたような、まさに夢の饗宴であったことと思います。

このコンサートは利用者のご主人で先染糸工芸作家であるW様のご厚意で開催された皆さんへのプレゼントでした。W様には玄関に掲げられている絵画の寄贈も頂いていますが、お陰さまでホームに文化の香りが増していること有り難く思います。

ドライブ外出―品川アクアスタジアムを楽しむ

介護係　Ａ・Ｙ

十一月の秋晴れの日、毎年恒例のドライブ外出で四十人が車に分乗し、品川水族館に行きました。高速道路から近くで見る東京タワーの大きさには皆さん驚かれていました。

一時間弱で水族館に到着し、まずはお楽しみの昼食です。今回は中華バイキングで好きなものを召し上がって頂きました。ホームでも選択食がありますが、やはりたまの外食は楽しいもの、皆様でお好きなものを選び、召し上がって頂きました。

食後はいよいよ水族館です。楽しみのイルカショーが始まるまで時間があるので、それまで班ごとでの行動になりました。大きなトンネルを通ると一面ガラス張りで、サメやその他きれいな魚が見られました。今まで見たこともない大きな魚を目の前にするとちょっと怖いくらいの迫力です。利用者様・職員共々、開いた口がふさがらないといった感じです。本当に驚きました。

イルカショーでは数匹のイルカたちが、職員の合図で飛んだりボールにタッチしたりと大盛り上がりです。「わぁーすごいわねー」などと本当に楽しまれた様子で、ショーが終わるころには心底感動されていました。イルカは知能が高い動物といわれますが、人間の気持ちがわかっているようでもあり、その姿を目の前にして改めて凄いと感じました。

そして帰りにはそれぞれお土産を購入され、無事ホームに帰ってきました。

利用者様には何かと条件もあり、遠くにはなかなか行けないのが現状です。それだけにたまの外出旅行での皆様の笑顔は本当に素晴らしく感じました。改めて介護という仕事は、この利用者様の「笑顔」があるからやめられないなと思ったのでした。

平成二十四年四月号

社会奉仕活動の少年を迎えて

施設長　佐道 保彦

東京家庭裁判所の委託で、一月に社会奉仕活動の男子高校生を迎えました。この趣旨は非行で家裁の指導・監察を受けている少年の補導の一環として、ホームのお年寄りとの交流や介護を手伝うことでいろいろなことを感じ、あるべき自分を取り戻す契機になることを期待して行うのです。今回迎えた少年は高校では水泳部で活躍しているとのことで、ごく普通の印象の少年でした。

入浴後にドライヤーで髪を乾かしてもらったお年寄りから笑顔で「ありがとう」と言われ、久しく感謝の言葉を掛けられることのなかった少年たちが感激するということもあります。認知症や日常の動作が不自由なお年寄りとの触れ合いも、少年たちには初めてのことです。お年寄りの表情や言葉には、少年たちを癒す雰囲気があるのでしょう。お年寄りの皆さんも孫のような少年たちを迎えるのは嬉しいのです。

この社会奉仕活動は、予定日の数日前に家裁から電話依頼があって始まります。当日は「少年友の会」会員のボランティアさんに伴われて来園し、担当ワーカーの指導のもと、ホームで二泊三日を過ごします。夜は宿直職員と懐中電灯を持って見回りをし、一緒に枕を並べて寝ます。三日目午後、迎えに来た「少年友の会」の会員、三日間担当したホーム職員と反省会をして活動を総括し、この度の補導で関係した何人もの人たちの信頼を裏切ることのないことを約して、帰っていきます。

補導は人間同士の「啐啄同時《そったくどうじ》」を目指すともいいますが、鳥の卵がかえるとき、雛が内から吸ったりつついたりするのを「啐」、親鳥がそれに応えて外からつつくのが「啄」、自力と他力が心の深層で出会うことが更生のきっかけです。少年が内側から扉を開く気になったとき、はじめて更生への架け橋が架かるのであり、補導でそうなるように働きかけるのが役割です。

後日家裁から送られてきた少年の「活動日誌」から、「社会奉仕活動を終えて」の部分を紹介します。

僕はこの社会奉仕活動で多くの貴重な経験ができたし、なによりも楽しかったので、やってみて本当に良かったです。

おじいちゃん、おばあちゃんと楽しく会話し、一寸したことで「ありがとう」と言われたときの嬉しさ、なにもしゃべれなくなって表情や動作で職員にうったえている姿、なにもわからなくなっている人のお手伝い、職員の苦労と大変さ、初めて見る介護が必要な人のための特殊なお風呂や食事のお世話など、さまざまなことを見、経験できて、衝撃を受けた場面もいくつかあったけど、すごくためになりました。おじいちゃん、おばあちゃんたちと一緒に絵を描いたのも楽しかったです。

もうひとつ僕が思ったのは、介護が必要な方をいっぱい見て、「いつか自分の両親もこうなるのかなぁー」と思うと少し悲しくなりました。

次、また行ける機会があればまた行きたいです。

オカリナ演奏　志村カツ子先生のお便り

志村カツ子先生には縄文の音色といわれるオカリナ演奏等で毎月利用者の皆さんに心やすらぐひとときを過ごさせて頂いていますが、その雰囲気そのもののお便りをご紹介させて頂きます。

あえ〜るの庭　志村 カツ子先生

共にある時を感謝して

いつも「黎明」をご恵送下さいまして有り難うございます。

御ホームのさまざまな場を紙面より知らせて頂き、一層親しみと信頼を覚えます。

皆さま方の日々研鑽に励まれて業務に携わっていらっしゃるお姿がうかがわれ、そのことがホームご利用の皆さま方の幸せな一日一日であると、敬意を抱かずにはおられません。綿密に計画された週・月の計画、近隣の方々との温かなふれあい、多彩な外部の方々との行事等々、ご利用者の方々には豊かな生活で素晴らしいことと思います。

玄関ロビーにはいつもお二人三人の方々の和やかなお姿が見られ、御ホームを象徴しているように感じられます。

平成十九年六月から月に一度、レクリエーションボランティアで伺わせて頂いております。レクといいましても、ご参加の方々がご負担なくできそうなゆっくりの早口言葉や、布ボール投げ、童謡など、オカリナを用いながら皆さまと共にささやかに行わせて頂くものです。ご参加の皆さまはボードの歌詞をご覧になり、「あゝ、何々ね」と歌い始めて下さる方、無言でも小さくうなずいていらっしゃる方、ただにこやかな表情の方、こっくりおやすみの方もいらっしゃいます。皆さまの大切なお時間の一部分ですので、支障になりませんように、お一人さまでも楽しんで下さいますならと願っております。

「一日生涯」という言葉をかつての上司がよく言っておりました。ご参加の皆さまと共にありますのは、私の一日生涯の中の大切な感謝の出会いです。

「あえ〜る（ギリシャ語の空、空気などの意味）の庭」は、昭和五十九年頃に子供たちのいじめや自殺が多く報じられていた当時、育ち行く人たちには心を強く、他の人には優しく成長してほしいという願いを持って、その年の十二月より月一度、土曜の午後にボランティアで始めたものです。当初は「あえ〜る土曜学校」の名前でした。

平成十九年、職員のS様と近くのあきる野公園で偶然出会い、話しかけて下さいましたことがお伺いするきっかけでした。春のお花見で利用者様と一緒に来られていたのでした。傍らにいらっしゃった方は、私どもの会話をただ笑顔で見守っておられました。すぐ後に園長・佐道さまと知りました。この心やすらぐホームの職員の皆さまに先立つ方であったと、後々あの日の情景が思い出されます。

ご利用者さま方の笑顔に満ちた御ホームの全てのお仕事には、外には見えない困難もお有りと思いますが、支えられ、愛され、喜ばれ、これからも地域福祉の中心でありますように心からお祈り申し上げます。

平成二十四年七月号

茶道クラブ講師　植田京子先生のお便り

植田先生にはこの度華道クラブから茶道クラブに代わって頂いたのですが、その植田先生より頂いたお人柄そのもののお便りをご紹介させて頂きます。

茶道クラブ　植田京子先生

十六年間の華道クラブに引き続き、五月から茶道クラブを担当させて頂くことになりました。一生懸命 務めさせて頂きますので、どうぞよろしく お願い申し上げます。

私は市内の高校で 華道・茶道を指導させて頂き、来年で二十五年になります。十歳代の若者との交流、そしてこちら偕楽園ホーム様では、年輪を重ね、戦火を生き抜き、現在穏やかに過ごされている方々との交流、花に例えるとヒマワリと梅の大樹でしょうか……。華道・茶道のお陰で世代の違う方々と出会える喜び、本当に有り難く感謝しております。

昨年の東日本大震災のように、明日は我が身かもしれません。大切なのは「心」だと思います。どれだけ「思い」を込めたかが大切だと考えております。たかが一服のお茶ではございますが、皆様のご健康と心のやすらぎを祈りながら、精一杯、お茶をたてさせて頂きます。一輪の花を愛で、季節のお菓子と共に召し上がって頂き、少しでも楽しさを感じて頂けたら幸せです。

桜田門外の変で倒れた幕府大老の井伊直弼は茶道の達人でもありましたが、彼の言葉でもある「一期一会」、すなわちお茶の席を含む一人一人との出会いをとても大切に考えた人です。私も偕楽園ホーム様との縁を大切に、そして一期一会の気持ちで、皆さまお一人お一人のお茶をたてさせて頂きます。それが「思いを込める」に通じることと思います。

私にとりましてもいろいろな場でいろいろな方に出会いながら茶道を生かせるのはとても嬉しいことです。柏木伸子さまと高木さと子さまには引き続いてボランティアで茶道クラブをお手伝い頂きますことを心強く思います。

華道クラブに引き続き、どうぞよろしくお願い申し上げます。

広報委員会からのお知らせ

私たちが利用者様やご家族の皆さまにできる数少ないことのひとつとして、利用者様が偕楽園ホームという場所でしっかりと生きていた証拠を残すことがあると思います。一階ロビーの写真掲示もそのひとつです。

東日本大震災でガレキ処理をする自衛隊員が泥まみれのフォトアルバムを大事に抱えている

のを見て、預金通帳や不動産関係の書類だったらわかりますが、あの状況で、なくても後々なんのトラブルにもつながらないものを残そうとする姿に、コレだと思いました。

もちろん写真を撮られるのが嫌な方がいたり、プライバシーにも注意しながら撮影しなくてはなりません。

偕楽園ホームではご家族の皆様に一枚三十円で写真をお譲りしています。ただ掲示している写真に限らせていただいたり、掲示していても何人かで写っていてプライバシーの関係でお譲りできなかったりと制約がありますが、例えば行事風景の写真から、新聞を読んでいるような普段の様子まで、いろいろな一面をご紹介しています。そして皆さまの生きた証しを残せるように、豊富な掲示にしていきたいと思っています。

偕楽園ホームにいらした際は、ぜひ一階ロビーの写真をご覧になって下さい。

平成二十四年十月号

ベッドで寝ていただけではできないこと

介護係　H・T

十月の二階の催しは「男はつらいよ」の上映会でした。フロアのテレビを使ってもよかったのですが、少しでも映画館の雰囲気で見て頂くために機能訓練室をお借りし、プロジェクターを使って行いました。日差しを遮る普通のカーテンだったので部屋を真っ暗にはできず、画面も少し薄いものになりましたが、非日常の空間は十分に作れたと思います。

普段は体力を考慮してベッドで休んでいる方も、この日は体調確認のうえ、起きて上映会に参加して頂きました。

寝ていることが多い利用者様でも、寅さんがズッコケたりするコミカルな動きをみて「あはは」「こりゃおもしろい」と声を出して笑われたり、上手く目を開けられない方でも寅さんのテーマが流れると涙を流して嗚咽されたり……。おそらく古い記憶が呼び起こされたのでしょう。

今回のように非日常の空間を作ることで、声を出して笑ったり泣いたりできたのだと思います。ベッドで寝ていただけでは、認知症の高齢者の方が声を出して笑ったり泣いたりはできないことです。利用者様にとって視覚や聴覚を通じて、脳によい刺激提供になったのではないでしょうか。それと脳だけでなく、心の面でも少しでも贅沢な気持ちになって頂けたらよいなあと思いました。

平成二十五年四月号

訪問美容 新規開店―おしゃれで明るく

理美容では長年Uさんのお世話になっていますが、理美容の選択肢を増やして皆さんのおしゃれの趣向にお応えすべく、あらたにデイチャームサロンさんにもお出で頂いています。デイチャームサロンさんは昨年から初音の杜で訪問理美容を行い、本ホームでもボランティアをして頂いていたので、皆さんおなじみです。

若い三人の美容師さんが最先端のファッションを取り入れ、髪のカットの他にカラーリング、パーマ等も行います。白髪を茶色がかった色に染めて、更にパーマをかけてイメージチェンジをされたお客様もいらっしゃいます。

三階廊下の隅での開店ですが、鏡の周りを花で飾り、オルゴールの音楽を流してオシャレな雰囲気を演出し、優しく柔らかい雰囲気をかもしだしています。

おしゃれに年齢は関係ありません。ご自分に合った美容をご利用頂き、美容師さんと相談して皆さんの美に磨きがかかっていくことを嬉しく思います。

平成二十五年十月号

ご家族のお便り

ご長女　K・Y様

スタッフの皆様、ご家族の皆様　こんにちは！

今回大変恐縮ですが……先月ホームにお邪魔した際、施設長先生から「お母様もホームでの生活が随分長くなられましたね！　もしよろしければお母様のホームでの生活の率直な感想、ご意見等を、黎明に掲載させて頂くのは如何でしょうか」とおっしゃって下さり、ペンを取ることに致しました。

施設長先生、母の担当ワーカーのNさん、Sケアマネージャー、生活相談員のSさん、その他スタッフの皆様、本当に感謝致しております。

ホームの皆さま方には母の命を繋いで下さり、家族一同、心より御礼申し上げます。

母がホームで生活を始めて八年になります。母は父が他界したのをきっかけに六十五歳前後で若年性アルツハイマー病を発症し、グループホーム、介護老人保健施設を経て、偕楽園ホームで生活させて頂くようになりました。

母は病気発症前には働き者でいつも明るい笑顔が絶えず、姉妹の中でもお料理上手、几帳面で、お掃除、整理整頓も完璧でした。家族が生活し易いように、引き出しのどこに何を整理したかなども全て覚えていました!!

二人の孫も夏休み、冬休みに遊びに来ては、帰る際にはいつも帰りたくないとダイニングテーブルの脚を掴んで大泣きするくらい、大変好かれていた優しいおばあちゃんでもありました。小学校の校庭でドッジボールをする、そんなアクティブな一面もあり、そんな母をいつも笑顔で黙って見ていた父も思い出します。

偕楽園ホームで生活をスタートした当初の何年間は、病気に対する有効な処方薬もなくて病状も落ち着かず、帰宅願望や感情の起伏も酷い状態でした。スタッフの方の目を盗んでは外に飛び出し、その都度スタッフの方が一丸となって捜索にあたって下さり……私には手に負えず、本当に人格崩壊していく母にどう接していいかわからない……。私自身、思い悩む時期が非常に長かったです。次第にホームに足を運ぶのも心が重く、行く機会が少なくなっていきました。

そんななかでも担当のNさん、ケアマネのS君にお電話をいただいて母の様子を教えてもらったり、ときには提案も頂きました。

ホームに行った際も必ず笑顔で優しく声をかけて下さり、「安心して下さいね！　大丈夫ですよ」と、まるで親子でお世話頂いていたこと、忘れません。母の好きなこと、趣味、好きな食べ物、お洒落だったか等、母のことを正面から受け止めて下さり、笑顔で優しく接して下さる、その姿には本当に「ありがとう」という言葉では足りず、言葉を失う思いを何度となくいたしました。

発病から十二年が過ぎ、母は今年七十八歳になります。アルツハイマー病は発症から十年がひとつの目処《めど》といわれますが、確かに病気は進みました。しかし今では家族でさえ信じられない程、発病前の穏やかで明るい笑顔の優しい母に戻っています。これも一重《ひとえ》に皆様のお力添えによるものと痛感いたします。

先日Nさんと母とで外出し、リハビリになる手先を動かすおもちゃを一緒に探したり、食事をしたりと、つかの間でしたが三人で楽しい、幸せな時間を過ごすことができました。もうこのようなことは無理かと諦めていましたが、Nさんがいて下さったからこそ実現した時間でした。私たち家族はホームの皆様に支えられていることで、生活することができています。

介護の世界は厳しく本当に大変と、母を通じて自らが体験しているからこそ、身に染みて感じています。併せて介護の力の凄さ、人の心の温かさを知ることができました。

偕楽園ホームに出会えたことで、母だけではなく私の人生も支えられています。

本当に有り難うございます。

ご家族が身内の認知症を受け入れるまでには、「戸惑い→混乱→あきらめ→受容」の辛い道程があるとはよく言われることです。だからこそ私たちは、常にご本人とご家族に寄り添うことを大切にしたいと思っています。

いつもにこにこして穏やかにされているKさん、そしてご本人とご家族の絆をことのほか貴重に思います。

平成二十六年一月号

施設長就任挨拶

施設長　M・T

～コーポレート・メッセージ～

新年おめでとうございます。

昨年は当法人の事業運営に対しまして格別のご理解とご協力を賜り、心よりお礼申し上げます。

このたび佐道保彦の後任として偕楽園ホームの施設長に就任致しました。身にあまる重責ではありますが、一意専心当法人の発展に全力を尽くし、皆様のご期待に添うよう努力いたす所存です。

つきましては何卒前任者同様　格別のご指導ご鞭撻を賜りますよう謹んでお願い申し上げます。

さて、国においては、平成二十七年度次期介護保険制度改正に向けてさまざまな議論がされるなか、偕楽園ホームにおいても平成二十六年度事業計画において、その準備に入らなければなりません。

と同時に偕楽園ホームが昭和五十五年以来築き上げてきたコーポレート・アイデンティティ(組織の特性や独自性)を高めていくと同時に、それらをメッセージとして伝えていかなければなりません。つまりコーポレート・メッセージとして発信していくことが大切だということです。

コーポレート・メッセージとは、企業がCMなどで経営理念やモットーを表現する際に用いる、いわゆる決まり文句をいいます。先に日経BPコンサルティングが消費者にメッセージを示して企業名を答えてもらう想起率ランキングを発表し、〝お口の恋人〟のロッテ、〝明日のもと〟の味の素などが上位にランキングされて消費者への浸透度、好感度が明らかになりました。

もちろん、コーポレート・メッセージと銘打っていなくても、自社の売りや志、つまり経営理念はどこの企業であっても施設であっても存在します。偕楽園ホームにおいても「安心・安全・愛情」という理念とともに五項目の基本方針は、職員にはもちろんですが、外部の方々にもお示しさせていただいております。

中国の古典である『礼記』に「志は満たすべからず。楽しみは極むべからず」という言葉があります。志とは心に決めた目的を指し、その目的に向かって力強く進んでいく信念を意味します。志を持って意気軒昂に進むことはそれ自体に価値があり、仕事をより充実させるものだと思っています。

職員一人ひとりがその理念、メッセージを心の中に意識しながら業務に臨むとき、それらは業務に取り組む姿勢となって表れます。そして多くのご利用者やご家族に伝わり、施設の好感度も高まっていくことと思っています。

介護を取り巻く環境はますます厳しさを増すことが予想されます。しかしこのような中にあっても全職員が一丸となって、理念や基本方針に加え、日々ご利用者に提供する介護サービスの質を高めるよう努力してまいりますので、読者の皆さまにおかれましては、今後とも温かいご指導とご支援を賜りますようお願い申し上げます。

平成二十六年四月号

私の指針のようなもの

介護係　Ｈ・Ｔ

生きている意味なんて無い、とはあまり思いたくないものです。自分にとっても、ご利用者にとっても。ただ、生きている意味はあるのか?という疑問については、沼地に潜むワニの群れのように不気味に微妙な距離感を保ちながら、いつでも体のどこかに身を潜めている気がします。その疑問に喰われないように、または追い払うために介護をしていた部分があります。

「のほほんとした雰囲気なんだろうな」、ちょうど五年前、介護の経験のない私が偕楽園ホームに入職する前にいだいていた老人ホームに対する漠然としたイメージでした。実際は食事やお風呂、オムツ交換、トイレのお手伝いでバタバタしている時間が多く、けっこう体育会系だぞ!?と面食らったことを覚えています。

特に経管栄養（胃瘻《いろう》）のご利用者が病院でなく老人ホームに何人もいらっしゃることに驚きました（胃瘻そのものについても知りませんでした）。なかには食べることも話すこともできない、見えているのか聞こえているのかもわからない方がいました。私の主観ですが、苦しそうな表情をされていたり「うー」とつらそうな声をだされたりしていても毎日おなかに造られた管から栄養剤を入れられるのを見て、「この人は生きたいのかな」「この人の生きている意味は何なのか」と思っていました（なにも知らない二十二歳の若僧が考えていたことです。失礼は承知で書かせていただきます）。

そのネガティブな疑問に小さな光が見えたときのエピソードを、お別れと感謝の挨拶にしたいと思います。

ある胃瘻のご利用者がお亡くなりになり、一階ロビーでお見送りの会をしていた時のことです。お見送りのご利用者の皆さま、職員がお亡くなりになった方に順番に手を合わせ、それが終わって最後に棺の横に立つご家族から一言いただこうとしていたとき、ご家族は顔を真っ赤にしてうつむき、涙を流されていました。

自分が死んだ時に泣いて下さる人はいるかな？　喪失感、後悔、安堵感、感謝、虚無感、又はそれらが複雑に織り交ざったもの等、涙の理由はどうあれ人が亡くなって泣いて下さる人がいることは悪いことではなく、結構いいことなのではないか、もしかしたらそれが生きる意味のようなものになるのかもしれない、と感じました。

その人自身が生きている意味があると思っているかどうかわからないし、他人が決めていいものでもないけれど、その人が亡くなった時に、理由はどうあれ泣いて下さる人がいるように仕事をしようと、私の指針のようなものができました。


私なんかにお母様の利用者担当に指名して下さったご家族がいます。

私なんかに「Hさんが担当でよかった」と言って下さったご家族がいます。

私なんかが書いた広報誌の記事やホームページのブログを見て、素敵な感想を言って下さったご家族がいます。

そのことが私の誇りであり自慢です。


これがこの度偕楽園ホームを退職するにあたっての私のご挨拶です。

私にはかけがえのない五年間でした。本当にありがとうございました。

あとがき

本書のタイトル「一本の木」は、私が愛誦する金子みすゞの詩から晩年になって特に共感を覚える、次の「木」によったものである。

幾度となく脱線しながらも、細い木ながら我が身相応に枝を伸ばし、花を咲かせ、実を実らせてきた木であった。これで細やかながら、我が人生を「諒《りょう》」としたいと思うのである。

なお付言すれば、都から民間に移った経緯を含めてそれ以降の二十年に及ぶ私の職歴の第二ステージでは、思いもよらない人の縁で新しい仕事の機会に恵まれたことが、本書でも紹介してきたように幾度もあった。その「知遇」を特に晩年になって殊の外有り難く思うのである。

細やかながら本書を自費出版するについては、同窓生諸氏から急速に高齢化が進む現在、さまざまな介護現場での経験を世に紹介するのは意義あることと勧められたのが契機であるが、併せて私自身後期高齢者でありながら、そこを職場にしてほぼフル稼働してきた我が職歴の第二ステージは、長年の妻の支えを含め、大仰ながら内村鑑三の言葉を借りれば（誰もが残すべき）「我が人生の遺物」としての意義もあるかと考え、それを紹介したのが本書である。
ただ諸事情で大幅に遅くなったのは残念であった。

令和五年三月

佐道保彦

著者プロフィール

佐道 保彦（さどう やすひこ）

昭和10年大阪市で生まれる。

昭和20年岡山県に移る。

倉敷天城高校、岡山大学法学部を卒業。

会社勤務を経て、昭和35年から平成６年まで東京都（福祉局を主にした本庁及び各事業所）に勤務、引き続き都勧奨退職翌日から平成27年までの20年、民間介護福祉施設を主にして８ヵ所に勤務する。

一本の木 —それぞれの福祉現場で細やかながら花を咲かせ、実を実らせてきた一本の木の記録—

2023年３月15日　初版第１刷発行

著　者　佐道 保彦
発行者　瓜谷 綱延
発行所　株式会社文芸社
〒160-0022　東京都新宿区新宿１-10-１
電話　03-5369-3060（代表）
03-5369-2299（販売）

印刷所　株式会社フクイン

ISBN978-4-286-29066-9